天地海人
[ten] [chi] [kai] [jin]

防災・減災えっせい辞典

矢守克也 著

ナカニシヤ出版

はじめに

　本書の特徴について，タイトルおよびサブタイトルの由来を通じて説明することで，筆者から読者への本書に対する誘いとしたい。

　本書のタイトル「天地海人」は，世界を形成する全要素を意味し，孟子の一節に登場する言葉，「天地人」をもじったものである。火坂雅志氏の小説，またそれを原作とした「大河ドラマ」のタイトルとしても著名だ。

　今回，そこに「海」を加えて，防災・減災の世界を4つのパートに分けて整理してみた。すなわち，「天の巻」（台風，洪水など「天」がもたらす災い），「地の巻」（地震，土砂災害など「地」がもたらす災い），「海の巻」（津波，高潮など「海」がもたらす災い），そして，「人の巻」（そうした災いと対峙してきた「人」や社会）――この4つのパートである。

　もっとも，筆者の専門は，あくまでも防災・減災に関する心理学なので，「人」以外の各巻において扱った内容も，すべて人や社会に関わることである。言いかえれば，津波発生のメカニズムなど，災いそのもの（災害現象に関する自然科学的な知見）についてほとんど何も触れていない。「人」以外の巻でも，中心はあくまでも「人」である。

　本書のサブタイトルは，「辞典」と「えっせい（エッセイ）」，この2つの言葉を組み合わせて作った。両語の意味は対照的で正反対と言ってもよく，ふつうはあまり結びつかない。辞典は，ある言語（または分野）を構成する言葉について，「標準的」「正統的」とされる意味（語義）を堅実に示したものだ。それに対して，エッセイは，「自由な形式で気軽に自分の意見などを述べた散文」とされる。

　本書は，形式としては，まさにエッセイの流儀で書いた。これは，

「好きなことを自由に書きたい」という筆者のわがままに起因するところが大きいが，まじめな理由も1つある。それは，防災・減災の心理学という未熟な領域に，「標準・正統」などありはしないとの思いである。仮にそういったものが将来成立するとしても，今はまだ，「標準・正統」を目指した，よい意味での競い合い，切磋琢磨をする時期だと感じる。本書で，「標準・正統」らしき立場を確保したかに見える問題の立て方や考え方に対して，ときにシニカルな物言いをしている部分があるとすれば，そのような思いからである。

　筆者は，これまでいくつかの拙著を世に問うてきたが，エッセイという形式を用いたことで，本書は，それらの中でもっとも読みやすいものになっていると思う。「(学ぶべき) 標準なんてない」と宣言した以上，(防災・減災) 心理学に関する予備知識はいっさい不要，どなたにでもすぐに気軽に読んでいただけるように書いたつもりである。さらに，すべての項目について，一定サイズ (本書で1, 2, または4ページ) で読み切れるように，しかも，どの項目からでも独立して読むことができるようになっている。

　なお，エッセイとしての読みやすさを考慮して，引用文献等の参考情報は最後に一括して提示するスタイルとした。また，本文中の「人2」などは，その部分が「人」の巻の「2」項と関連があることを示している。両方を併読すると理解が深まると思う。さらに，辞典としても活用いただけるよう，重要な語句は索引としてまとめてある。

　最後になったが，本書について，執筆を勧めてくださったばかりか，その少々ユニークな形式についても示唆をいただいたナカニシヤ出版の宍倉由高さん，山本あかねさんに，心からお礼を申し上げたい。お世話になるのは，主なものだけですでに5回目だと思う。今回もありがとうございました。

目　次

はじめに　*i*

天の巻

1　オオカミ少年効果（空振り）　3
2　特別警報　7
3　時計の情報／地図の情報　11
4　堤内地／堤外地　15
5　とりあえず避難勧告　19
6　大雨＋地震＝？　23
7　災害情報のプレポスト・テスト　25
8　「ああ，バスの屋根の上で一夜の災害」　27
9　ダムと土嚢　29
10　タイムライン防災　31
11　地域気象情報　33
12　トリプルスリー　34
13　流行語に見る災害　35
14　データの「深読み」　36
15　あの日の天気　37

地の巻

1　熊本地震を経験して（その1）　41
2　熊本地震を経験して（その2）　45
3　10年+10年としての阪神・淡路大震災　49
4　地震サイエンスミュージアム　53
5　地震計のある小学校　57
6　想定内の中の想定外　61
7　エイプリルフールの地震　63
8　1.16と1.17　65
9　コーヒー・山菜・カツオ缶詰　67
10　阿武山アースダイバー　69
11　合わせわざ　71
12　緊急地震速報　72
13　3つの90パーセント　73
14　物語るモノと物言わぬモノ　74
15　浅いアウトリーチ／深いアウトリーチ　75

目次

海[umi]の巻

1 津波てんでんこ　79
2 2つの短歌と巨大想定　83
3 カウントダウン／カウントアップ　87
4 あの日の避難訓練　91
5 思わぬときに，思わぬところで　95
6 個別避難訓練タイムトライアル　99
7 「逃げトレ」　101
8 逃げ出す学校／逃げ込む学校　103
9 自動車避難　105
10 夜間避難訓練　107
11 倍半分と桁違い　109
12 固有名詞という災害情報　110
13 形式的理想性／現実的実効性　111
14 「〜してください」と「〜します」　112
15 見えない災害遺構　113

人[hito]の巻

1 正常性バイアスと心配性バイアス　117
2 「正当にこわがる」／「正しく恐れる」　121
3 〈順向〉と〈逆向〉――復興の時間　125
4 災害の記憶のゆがみ　129
5 事故の季節感　133
6 天譴論　137
7 「二度殺された」――復興の空間　139
8 「世直し」と「立て直し」　141
9 「千分の一」と「万分の一」　143
10 状況論　145
11 百年戦争と震災　147
12 「想定外」を想定する他者　148
13 「ふだん」と「まさか」の接点　149
14 成功事例／失敗事例　150
15 語り継ぎの間接化　151

ミニコラム　1 もう一つの短歌　86
　　　　　　2 「天災は忘れた頃にやってくる」　124
　　　　　　3 アニヴァーサリーとアーカイヴ　132

文　献　153／初出一覧　155／索　引　159

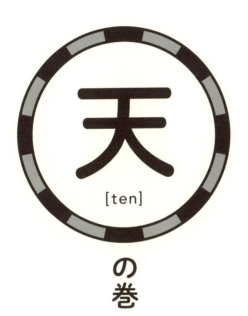

の巻

天 1 オオカミ少年効果（空振り）

発信者／受信者の構図

2013年9月，同年8月末から運用が始まった「特別警報」（天2）が，京都府などにはじめて発表された。また，同年10月には，伊豆大島で大規模な土砂災害が発生したが，その時は「特別警報」は発表されなかった。両者の事例，さらに，その後発表された「特別警報」について，発表したことやそのタイミング，逆に発表しなかったことに対する検証，および，それを踏まえた制度・運用面での改善が模索されている。これ自体は大切なことである。

しかし，特別警報に限らず多くの災害情報に関して，結果的に過大評価なら「オオカミ少年」，過小評価なら「見逃し」との批判を繰り出して一段落。こんなことが，数十年も繰り返されているのも事実である。そして，その陰でより重要なことが見逃されている。

筆者の考えでは，「オオカミ少年」や「見逃し」の根源的な問題は，そもそも，村人（住民）がオオカミ（災害）の監視を少年一人（専門家や行政）に任せている点にある。また，少年の方も，「じゃ，みんなで警戒しよう」というように監視の構図を根本から変えようとはせず，村人の顔色をうかがいながら，監視の基準や警告の言葉を工夫するといった弥縫策に終始している。

真に大切なことは，住民の側が災害情報の受信者となるだけでなく，発信者にもなろう（自分もオオカミを警戒しよう）とする姿勢をもつことであり，またそれを促し支える仕組みである。たとえば，土砂災害の前兆現象（川の濁り，山鳴りなど）を，地域住民がいち早く関係機関に伝える仕組みが整備されているところもある（群馬県みなかみ町）。また，地域住民が，専門家の指導や助けを借りた上で，独自に早期避難のための目安となる情報（たとえば，××橋の橋脚のオレ

ンジのラインまで川の水が来たら避難する)を「地域気象情報」として整備している地域もある(三重県伊勢市)(天11を参照)。

さらに,東日本大震災の後,釜石市が,気象庁からの情報だけに頼らず,湾口防波堤付近の津波の状況を独自に監視して避難に役立てようとしていることも,この観点から前向きに評価できる。さらに,「津波てんでんこ」(海1)の原則に従っていち早く避難を開始した一般住民が「率先避難者」となって,自ら周囲の人びとの避難を促す情報となることもできる。

住民の自主的な態度と行動の醸成こそが重要で,情報の細密化・迅速化だけを図っても問題の解決には至らない。ましてや,「避難の遅れは,前回の警報が『空振り』だったことが『オオカミ少年』効果をもたらしたため」などと「説明」してみても,事後解説の域をでないように思う。

そもそも「空振り」とは?

「オオカミ少年」と揶揄される災害情報の空振りであるが,ひるがえって,そもそも「空振り」とは何だろうか。たとえば,自動車運転保険について考えてみる。一年間無事故だったから保険金は空振りだったと,ふつう思うだろうか。筆者は,何十年と空振りを続けているが,当然,長年の無事故をむしろうれしく思っている。あるいは,人間ドックに行って,「特に悪いところなし」との通知をもらって,今年の検診は空振りだったと思う人もいないだろう。

考えてみれば,空振りの元祖,野球の空振りも,まったく無意味というわけではない。走者の盗塁を助けるため,狙い球を相手に悟られないためなど,相手側との駆け引きの中で意味をもつ空振りも多い。そもそも,何もせずに見逃していてはだめで,実際にスイングすることではじめて相手投手の球筋をよく見極められる,という話を聞いたこともある。

保険や人間ドックの空振りと災害情報をめぐる空振りの違いは，どこにあるのか。それは，空振りした本人（当事者）が主体的に何かを選んだ結果としての空振りなのか，他人（たとえば，気象台や行政）に「お任せ」していた何かが空振りに終わったのかの違いである。「当たり外れ」（だけ）が問題ではないのだ。その証拠に，保険だって無理に勧められて契約させられたものが無用に終わったら，「やっぱり入らなくたってよかったんじゃないの」と空振り感が強く残るだろう。

　このことからも，災害情報をめぐる空振りにおいては，「当たり外れ」の改善（災害情報の精度向上）以上に，先に述べた住民の自主的な態度と行動の醸成が大切だとわかる。「用心のために避難してみよう，仮に何も起こらなくても，それなりにいいこともある」という態度を住民側にもってもらえるような施策が重要だということだ。特に悪いところはなくても，人間ドックに行けば，ふだん気をつけるべき健康管理上のポイントがわかるように，実際に避難所に避難すれば，案外遠いと気づいたり，「こんなに寒いとは思わなかった，次は羽織るものを持参しよう」と悟ったりできる。

　避難所にお茶やお菓子を準備しておいて（あるいは，住民自ら持参して）茶話会をしてもよい。「よかったね，台風も案外遠くを通ったし」とほっと一息つきながら自宅に戻ったらよいではないか。そんな時に，訳知り顔に「今回，避難情報が空振りに終わったわけですが，今後の対策は？」などとつまらないことを言い出す人がいるから，空振りが「空振り問題」としてあり続けてしまっているのだ。

　災害情報であれ何であれ，また程度の差こそあれ，将来のことは不確実である。だれも，100％正確に未来を予測することなどできない。だから，災害情報に百発百中のヒット率を求めることは危険である。つまり，「当たり外れ」の改善だけで勝負することには限界がある。むしろ，空振りが現実に発生してしまう可能性を正面から見

つめ，その上で，「なんだ，空振りじゃないか」というフィーリングが芽生えるのを抑制することを目指す方が現実的かつ得策だと思う。

「空振り」を許容する社会

「空振り」は，災害情報の精度が時間的にも空間的にも向上してきたこと（迅速化と細密化）が，逆に避難を遅らせてしまう問題とも関係している。

時間的切迫性の高い災害情報は，人びとにギリギリまで対応しない姿勢を生む危険がある。新しく「特別警報」（天2）が設けられたがゆえに，かえって警報や注意報では動かない人が生まれている。本当に危ない時だけ，しかも無駄な準備時間がないように警告してくださいという待ちの姿勢である。

また，空間的分解能の高い災害情報は，ピンポイントで私がいる場所が危ないと指摘されるまで対応しない傾向を助長する一面がある。隣の県でもなく，隣の市町村でもなく，他でもないこの町が，極端な場合には，1キロメートルメッシュなどさらに細かく分割された領域——私が今いる領域——が危ないときだけ警告してください，という姿勢である。

こうした姿勢は，結果として，避難の必要性がなかった場合，それを骨折り損と位置づけ，当該の情報を「空振り」だったと非難する態度と通底している。これは，何ごとにつけ，無駄を排し効率性を目指すという社会全体を覆う空気感が防災の世界で現れたものに他ならない。

他方，米国では，相次ぐ被害を教訓に，たとえば，大型のハリケーン接近時には，相当広範囲に，しかも数日単位の余裕期間をもって大規模な避難を呼びかける仕組みが一般化しつつある。そのベースには，「空振りを許容する社会」がある。情報の精度を高めるだけでなく，情報を受けとめる側の心持ちの方を変えていくことも大切だろう。

天 2 **特別警報**

特別警報を経験して

　災害情報について，従来から存在した注意報，警報に加えて，2013年夏，「特別警報」のカテゴリーが創設された（図1）。特別警報には，大雨，暴風，高潮などいくつかの種類があって，大津波警報や震度6弱以上の地震に関する緊急地震速報も，「特別警報」の一種として位置づけられている。「特別警報」が対象とする現象は，気象庁によれば，「18,000人以上の死者・行方不明者を出した東日本大震災における大津波や，我が国の観測史上最高の潮位を記録し，5,000人以上の死者・行方不明者を出した伊勢湾台風の高潮」などが該当するとされている。

　このうち，「特別警報」（大雨）は，2013年，京都府や滋賀県などに史上はじめて発表され，その後も数回発表されている。運がよかったのか悪かったのか，実は，筆者は，この史上はじめて発表された「特別警報（大雨）」の対象地域（滋賀県）にいたという経験をもっている。この特別警報は，折から日本列島に接近していた台風18号がもたらした大雨に伴って発表された。結果的には，この大雨災害では，全国で死者・行方不明者7名，140名以上がケガをし，収穫直前の水田などに対する影響など，経済被害も甚大であった。

　特別警報が京都府，滋賀県，福井県に発表されたのは，同年9月16日午前5時過ぎのことだった。前日15日の夕方頃から強まった大雨が一晩通して降り続け，16日未明には，上記の府県では，「警報の発表基準をはるかに超える豪雨が観測・予想され，重大な災害の危険性が著しく高まっている」（特別警報（大雨）が発表される目安）と判断されたためである。

　筆者は，この時，滋賀県高島市内の山間部の宿泊施設で，学生を

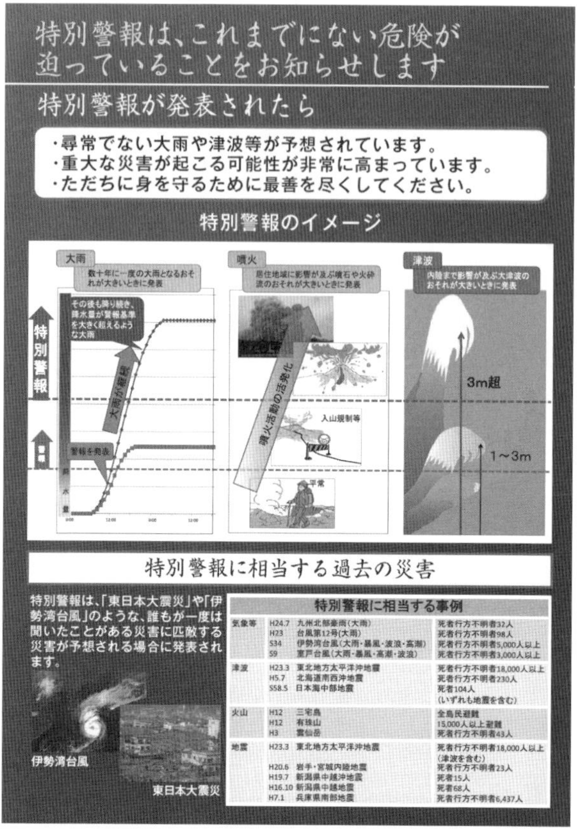

図1　気象庁が作成した「特別警報」のリーフレットから（p.1 を使用）

含めた大学の仲間と合宿の勉強会をしていた。前日15日から1泊2日の予定だった。特別警報が発表され何らかの対応を迫られる立場になったわけである。結果的には，幸い自分たちの周辺には大きな被害はなく，宿泊施設から最寄りの鉄道駅へと至る道が一部閉鎖されたこと，鉄道が一時運休したことから，小さな孤立（帰宅困難）を味わっただけで済んだ。

しかし，見方を変えれば，たまたま宿泊施設が土砂災害などに見

舞われなかったからよかったようなものの（この施設は山際にあった），あるいは，施設が停電したり長期間孤立したりといったことがなかったからよかったようなものの，かなり危うい状況に巻き込まれてしまっていたと反省もしている。

「発表される前が勝負」

　以上の実体験から感じたことは，特別警報は「発表される前が勝負」だということである。これには，2つの意味がある。1つは，特別警報という新たな仕組みができたからこそ，（特に，大雨や高潮などに伴う特別警報の場合）それに先だって発表される可能性が高い注意報，警報の段階でどう判断して，どう行動するかが大事だということである。

　気象庁によれば，特別警報とは，「尋常でない大雨や津波等が予想されています。お住まいの地域は数十年に一度の，これまでに経験したことのないような重大な災害が起こる可能性が非常に高まっています。ただちに身を守るために最善を尽くしてください」という意味である。

　また，気象庁は次のようにも注意を喚起している。「特別警報が発表されないからといって安心することは禁物です。気象庁では，特別警報だけでなく，危険度の高まりに応じて警報や注意報も発表しています。大雨等においては，特別警報の発表を待つことなく，時間を追って段階的に発表される気象情報，注意報，警報や土砂災害警戒判定メッシュ情報等を活用して，早め早めの避難行動を心がけてください」と。つまり，特別警報が出てからでは，むしろ遅いかもしれないわけだ。

　このように，特別警報は，それ単体としてではなく，注意報，警報と並べて，「タイムライン」（天10）の中で，「時計の情報」（天3）として活用することが大切である。実際，自分自身の体験を後から

振り返ると，前日には大雨注意報が，前夜には大雨や洪水の警報が発表されていた。今回の場合，結果的にはその必要はなかったことになるが，上記のどこかの時点で合宿をとりやめる，あるいは早めに切り上げるなどの判断も十分ありえたということだ。

　「発表される前が勝負」のもう1つの意味は，平常時に，自宅，職場，訪問先の特徴をよく知っておく必要があるということである。言わば「土壇場」の気象情報である特別警報が発表されてから，「身を守るため」の最善手を探していたのでは大変心許ない。「もしここで，今，特別警報が発令されたら」，その時自分はどう対応するのがよいのか，平常時によく考えておく必要がある。

　たとえば，近年の浸水災害，土砂災害では，指定の避難所ではなく自宅2階に避難して難を逃れた方も目立つ。もちろん，自宅の立地や気象条件によっては，自宅にとどまることは危険で，早めに別の場所に避難する方が望ましいケースもある。たとえば，自宅周辺で浸水が発生する危険が大きい場合，どの程度の浸水が予想されるのかについて自治体が公表しているハザードマップ等で事前にチェックして，避難先や経路としてどこがベストなのか，あるいは，セカンドベスト（次善）なのかについて前もって考えておかねば（天5），特別警報を十分に生かすことはできない。

　繰り返しになるが，特別警報ができたからと言って，注意報，警報の意味が小さくなったわけではない。日頃の備えが不要になるわけでもない。「発表される前が勝負」の心構えを大切に，特別警報を有効に活用したいものだ。

天 3 時計の情報／地図の情報

「暴風のピークは……」

　近年，相次いで大型台風が襲来し，大きな被害をもたらしている。「8月の平均雨量の数倍の雨がわずか数日で」といった言葉を何度も何度も耳にする（天12）。こうした気象災害による被害を小さくするためには，大雨，土砂災害など，防災に関する気象情報を上手に利用することが大切だ。昔からの注意報，警報に加えて，近年，「特別警報」（天2），「土砂災害警戒情報」，「記録的短時間大雨情報」など，新しいものも続々と加わった。

　さて，これとは別に，最近，新聞，テレビ等での防災気象情報の伝え方にちょっとした工夫がなされていることにお気づきだろうか。こちらは，情報そのものが新しくなったわけではないが，表現の仕方に少し変化があるということである。

　それが「時計の情報」，言いかえれば，時間で整理された情報である。たとえば，今日午前，午後，夜，明朝などと時間が示され，そ

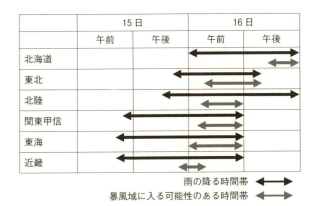

図1　「時計の情報」の一例（日本気象協会, 2013）

の下に,「雨が激しい時間帯」「暴風が吹く時間帯」など,どの時間にどのような状態になると予想されているかについて図示されている(図1)。

この方式,だいぶ見慣れてきたので,「あたりまえでは?」と思われたかもしれない。しかし,数年前までは,気象情報は,どちらかと言うと,時計ではなく地図とともに,つまり,空間で整理されて表現されることがほとんどだった(図2)。たとえば,図2では,日本地図が示されて,京都府,滋賀県,福井県が特別警報(大雨)の発表地域として紫色で,愛知県などが大雨警報の発表地域として赤色で,広島県などが大雨注意報の発表地域として黄色で,それぞれ表記されている。後で述べるように,こうした「地図の情報」にも,

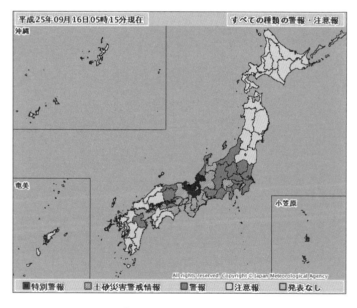

図2 「地図の情報」の一例(気象災害)
(気象庁のHPに掲載される情報をもとに筆者が作図)

もちろん意味はある。

中央からの俯瞰目線

ただし，これまで「地図の情報」が優勢だったことにはそれなりの背景があり，それがもつ落とし穴にも十分目を向けておく必要がある。それは，「地図の情報」が，暗黙のうちに，中央（典型的には，東京）から出来事の全貌を俯瞰する視点に立って災害を見つめることを私たちに強いているという事実である。

たとえば，図3のような地図がテレビ画面に提示された上で，そこに，「東海地方の太平洋沿岸に大津波警報が，房総半島や紀伊半島沿岸に津波警報が発表されています」といったアナウンスが加わる。あるいは，先に示した図2が示されて，そこに，「滋賀県などに大雨特別警報が，東海三県などに大雨警報がそれぞれ発表されました」

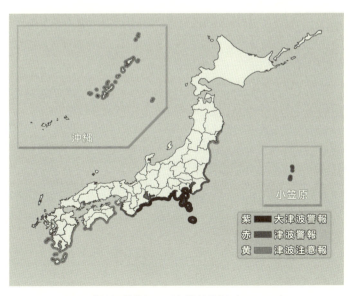

図3　「地図の情報」の一例（津波災害）（NHK, 2012）

といったナレーションが重なってくる——このような何でもない慣行の中に，(東京からの)俯瞰目線が含意されている。もちろん，中央（東京）で，たとえば，稀少な災害対応資源（人員や物資等）をどこに振り向ければいいのかを意思決定しようとする人に対しては，俯瞰目線にたった「地図の情報」は有用である。

　しかし，すべての人にとってそうであるわけではない。むしろ，一般には，防災気象情報は，(ローカルな地域ごとに)時計（時間）と一緒に示してもらった方が，個別の対応や対策には便利である。ある特定の場所（たとえば，大阪市としよう）に暮らす人には，他ならぬ大阪市で「あと何時間で外出が危険なほどの雨が降り出すのか」「この大雨は何時間後には弱まってくるのか」，こういったこと（だけ）が大切である。こうしたことがわかれば，「早めに仕事を切り上げて帰宅しよう」「あと1時間で小康状態になるなら，今無理に出かけるのはやめよう」など，減災上有効な対応もとりやすい。

　他方で，同じく大阪市に暮らす人に対して日本地図が示されて，たとえば，福岡県にどんな警報が出ているのかがわかったところで，福岡県に親戚がいるとか，この後福岡県を訪ねる予定があるといった事情がない限り，さしあたっては大きな力にはならない。

　最後に，「時計の情報」と言えば，目下，国や自治体を中心に，「タイムライン」に基づく防災という考え方も広まりつつある。これは，台風の来襲が予想される場合など，「いつ」「だれが」「何を」するかについて，数日前くらいから対応メニューを定めておく仕組みで，要するに，時間に基づく防災行動計画のことである。「時計の情報」との関連で重要な考え方なので，別途（天10）で詳しく紹介することにしたい。

天 4 堤内地／堤外地

どっちがどっち？

「堤内地」「堤外地」という言葉をご存じだろうか（図1）。堤防によって洪水氾濫から守られている住居や農地のある側を「堤内地」、堤防に挟まれて水が流れている側を「堤外地」と呼ぶ。しかし、以前から指摘されているように、一般の人びとに両語を提示してその意味を問うと、正反対の回答が返ってくることも多い。筆者自身も、「どっちだったっけ？」としばしば混乱する。

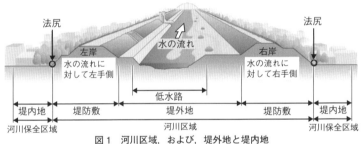

図1　河川区域，および，堤外地と堤内地
（国土交通省東北地方整備局河川部「水辺づくり用語集」から）

筆者の考えでは、この理解のしづらさには理由がある。つまり、堤防（ハード施設）を整備して、安全な場所としての「社会」（「堤内地」）と危険な場所としての「自然」（「堤外地」）とをきれいさっぱり分離することが困難であること、裏を返せば、両者は時に突如反転する——両語をめぐる混乱はこのことを暗示している。

都賀川水害

2009年7月28日に発生した都賀川水害を、上で指摘したことが典型的な形で現れてしまった事例として位置づけることができる（図2と図3）。これは、「ゲリラ豪雨」という言葉が盛んに使われた

図2 河川にみる「社会」(毎年開催される川開き式における都賀川 (下と同じ地点))
(兵庫県神戸県民局 (2005) から)

図3 河川にみる「自然」
(左:2008年7月28日午後2時40分頃の都賀川甲橋付近, 右:同2時50分頃)
(神戸市のモニターカメラから)

事例でもある。この日,14時40分頃,神戸市灘区を流れる都賀川が急に増水し(わずか10分間で約1.3メートルもの水位上昇),5人が亡くなる災害が発生した。犠牲者は,同川に設けられた親水施設に遊びに来ていた学童保育の子どもや,遊歩道を歩いていたとみられる人であった。亡くなった5人のほかにも危ういところで自力避難した人,あるいは救助された人も合計52人にのぼっていた。

親水施設も遊歩道も,「堤外地」(平たく言えば,川の中)にある。これは,親水施設が,「自然」の中に突きだした「社会」であること

を意味している。「自然」の中の「社会」に，本来の「自然」が戻ってきたことが不幸な被害を生んだわけである。他方，越水や堤防決壊による（通常の）水害は，「社会」が「社会」でなくなること，つまり，「社会」に「自然」が侵入することによって生じる。しかし，考えてみれば，「堤内地」（「社会」）そのものが，かつて「堤外地」（「自然」）であったところを堤で囲って「堤内地」としたものであり，本来，それは「自然」の中にできた「社会」だと理解されなければならない。

　以上を踏まえれば，通常の水害も，今回のケースと同様，「自然」の中の「社会」に本来の「自然」が戻ってくることよって生じたものとして理解できよう。通常，「都賀川（水難）事故」と称されるこの事例を，筆者があえて「都賀川水害」と呼ぶのは，以上を踏まえてのことである。

反転する「社会」と「自然」

　つまり，「社会」と「自然」の反転関係という観点に立って眺めれば，都賀川のケースと通常の水害は，決して異質のものではなく同型的である。「災害」とは，本来，相互に混じり合っていてきれいに分離できず，いつどこで，どちらの側面をのぞかせてもおかしくない「自然」（堤外地）と「社会」（堤内地）とを，完全に分離できると思い込んだときに生じるのだ。都賀川水害はその思いこみが「自然」（堤外地）で起こったケースであり，通常の水害は「社会」（堤内地）で起こったケースであるが，その根本構造は同一である。

　もっとも，防災・減災のために，「社会」と「自然」とを分離する試みは，もちろん大切である。そのための努力は続けなければならない。しかし，肝心なのは，その努力は，目標の完全達成は不可能であることを自覚しつつ行う必要があるということである。

　この点で，都賀川水害の後，神戸市教育委員会が小中学校に配布

図4 河川がもつ二面性—「社会」(左)と「自然」(右)—をわかりやすく図示した教材
(神戸市教育委員会「都賀川増水事故を踏まえた防災教育緊急教材(小学校低学年用)」)

した「都賀川増水事故を踏まえた防災教育緊急教材」は注目に値する。特に,小学校低学年用(1・2年生)では,川遊びをしている様子と増水時の川の様子を描いたイラスト(図4を参照)を比較・対照させる作業を通して,増水の危険性を認識させ天気が悪くなってきたときには迷わず川から離れることができるよう指導するとされている。

もう1つ重要なことがある。ここまで「空間」の分離について述べてきたのとまったく同じことが,「時間」の分離についてもあてはまる点だ。すなわち,「天」がもたらす災害に関する各種の注意報・警報・特別警報群(天2)は,煎じ詰めれば,安全な時間(帯)としての「社会」(注意報などが発表されていない時間)と危険な時間(帯)としての「自然」(発表されている時間)とを分離しようとする試みなのである。

しかし,「オオカミ少年」(空振り)や見逃しを引き合いにだすまでもなく(天1),この分離も完璧に行うことはできない。しかも,「空間」の分離について述べたように,分離できないこと自体が問題なのではなく,できると思い込むことの方により深刻な落とし穴はあると知るべきである(ミニコラム2)。

天 5 とりあえず避難勧告

連発される避難指示・勧告

 ある外国人観光客が，日本には，「とりあえずビール」というブランド名のビールがあると誤解していたという苦笑したくなる逸話があるが，近年，頻繁に発令される避難指示や勧告に対して，「とりあえず」出されているような印象をもつのは，筆者だけだろうか。

 もちろん，発令する市町村の側は，「とりあえずビール」のような気楽な調子でやっているわけでない。万一「見逃し」になった場合のリスクを最小限に抑えるために，「空振り」（天1）のリスクも気にかけながら，諸情報を勘案してむずかしい判断をなさっているのだから，この喩えは不謹慎であろう。

 しかし，それにしても，――おそらくは，発令せずに批判されるよりはましだとの思いも影響して――避難勧告・指示が現実的な実効性に疑問を抱かざるをえないほど多くの人びとを対象に連発される事態が生じていることも，また事実である。

 まずは，実際の事例やデータをおさえておこう。たとえば，2014年の台風18号（同年10月6日浜松市付近上陸）による災害では，全国で合計約365万人もの人に避難指示・勧告が発令された。ほかならぬ指示・勧告のおかげで被害が低減されている一面があるのだから，結果論でものを言ってはいけないが，このとき，死者・行方不明者は全国で7名であった。その約1週間後に来襲した台風19号（同年10月13日枕崎市付近上陸，その後数カ所に再上陸）による災害でも，全国で合計約181万人に避難指示・勧告が発令された。被害は，死者・行方不明者3名などであった。

 避難指示・勧告に先立って発令される情報に，避難準備情報がある。辞書的な定義を書けば，これは，災害時要支援者等，特に避難

行動に時間を要する人が避難行動を開始しなければならない段階で発令されるもので，該当する人は計画された避難場所への避難行動を開始し，その支援に当たる人は支援を開始せよという意味である。喩えて言えば，カーブで見にくい信号の前に，「この先信号あり」との予告表示が掲示されている場合があるが，あれと似たようなものだと思えばよい。

したがって，避難準備情報は，より早期に，より広い範囲に発令されることが一般的で，そのために避難指示・勧告以上に，たびたび，しかも多くの人を対象に発令されている印象を抱かせることになる。上記の台風19号が接近していた時，筆者は関西の自宅にいてニュース等をモニターしていたのだが，手元の集計では，ピーク時には，この情報が発令されている市町村は関西圏だけで十数個以上に上り，居住人口を合計すると300万人に達していた。自分一人に面と向かって「注意せよ」と言われればビクッともするが，何百万人の内の一人では効力が薄れてしまっても仕方あるまい。

なお，蛇足だが，この事例ではJR西日本の措置も注目された。前日12日の段階で，台風の最接近が予想される翌日13日（祝日だった）の夕方以降，在来線の各線で列車の運転を取りやめると発表し，実際にそうなったのだ。賛否両論あったが，タイムライン防災（天10）の観点からも注目すべき対応であった。

避難の心得

避難情報に関わる課題を情報の発信側にだけに押しつけるのも不当というものだろう。「避難情報の種類や中身をよく学んで，住民のみなさんご自身で，自分はビクッとすべきなのかどうかを判断してほしい」。これが自治体サイドの本音だろうし，この言い分は正しい。そもそも，上述の通り，避難準備情報は，見かけ上，ある市町村の全域（全住民）に発令されているように見えても，実際には，

上記の趣旨に該当する人のみがビクッとすればいいものだ。あくまで一例であるが，川の近くに暮らす一人暮らしの高齢者や，崖に近いところに立地している高齢者福祉施設の職員などがそれに該当する。

　同じことは，避難指示・勧告にもあてはまる。たとえば，大雨に伴って避難勧告が発令されたとして，どのようなリスクを念頭にそれが発令されているのかがわからなければ，対応の必要性を判断できないし，仮に必要だとしてどう対応すればよいのかもわからない。だから，当該の避難勧告だけでなく，雨や川の状況をテレビ，ラジオ，インターネットなどを通してしっかりキャッチすることも大切であるし，ハザードマップなどを通して，事前に，自分が今いる場所のリスクを把握しておかないと，ただちに避難すべきかどうか判断できない。

　さらに，一口に避難と言っても，少なくとも，以下の3つのタイプに分けて考えておく必要がある。それが，（場合によっては）頻繁に発令される避難情報を効果的に利用するすべになるからだ（海13）。

　第1に，「最善の（理想的な）避難」。十分な時間的余裕をもって，たとえば，自治体が指定した避難所に行く，あるいは，台風が来る前の日に安全なわが子の家に避難するなどである（上記の台風19号で，海沿いに住む私の知人（高齢者）は実際そうした。避難準備情報を賢く活用したよい対応だった）。

　第2に，「セカンドベスト（次善）の避難」。避難しようと思った時には，風雨が強まって遠くの避難所まで行くのは怖い，夜間で危ないといった事態に立ち至ることもある。その場合，たとえば，隣のマンションに暮らす知人の家にお邪魔させてもらうのも立派な避難である。なにも自治体が指定する避難所に行くことだけが避難ではない。

最後に、「土壇場の避難」。不幸にして、「理想的な避難」も「次善の避難」もできなくて、いよいよ危ないとなった時になすべき避難である。「特別警報」(天2)が発表された時考えるべき避難も、概ねこれにあたる。たとえば、同じ自宅でも1階より2階の方が洪水や土砂災害の危険は少ない、斜面と反対側の部屋に行く方がいい、柱の多い空間の方が安全率は高いなど、いくつかの経験則が存在する。

　先の台風19号のケースでは、こんな事例もあった。筆者の別の知人（一人暮らしの高齢者）は、台風が来る前の日に長男に雨戸の修繕に来てもらい、風雨のひどい時間帯は雨戸を補強した部屋にいたという。この事例などは、事前の準備に、「土壇場の避難」を組み合わせた、すばらしい対応と言えるだろう。

　最後に、今述べた3つのタイプの避難それぞれに合わせた避難訓練の必要性について指摘しておこう（海13）。と言うのも、これまでの避難訓練の多くが、「最善の避難」シーンだけを念頭においているからである。たとえば、川沿いにある福祉施設で、十分時間的余裕がある状況で、しかもスタッフの数も十分という環境下で、地元自治体が指定した避難場所へ入所者（高齢者など）を避難させるといった訓練である。

　もちろんそれも大切だが、それだけでなく、「セカンドベストの避難」や「土壇場の避難」に対応する訓練も必要だろう。たとえば、夜間などを想定して、数少ないスタッフで1階にいる入所者を上階へと移動してもらう訓練などである。何とか歩ける人に自力で階段を上ってもらい、そうでない人もスタッフがおんぶするなどして急場をしのぐ訓練である。場合によっては、訓練そのものが結構辛いものになるかもしれない。しかし、それによって守られる命がきっとあるはずだ。

天 6　大雨＋地震＝？

　こんなデータをご存じだろうか。これは，筆者の職場の同僚で，山地災害を研究する千木良雅弘教授から教わったものだ。2004年10月23日，新潟県中越地震が発生した。旧山古志村の土砂災害や河道閉塞，長岡市のトンネル崩落現場でのレスキューの様子など，土砂・地盤災害の印象が強く残る大きな地震であった。

　この地震が起こる直前10日間の雨量データがある。被災地に近い新潟県栃尾の観測点では，約170ミリもの降雨があった（図1）。しかも，地震の直前20〜21日に，兵庫県や京都府はじめ広域に大きな被害をもたらした台風23号の影響で（天8），新潟県内にもまとまった雨が降っている。地震が引き金となる土砂・地盤災害は，地震動や地盤の性質に大きく影響されるが，地震直前の大雨が誘因となったことも否定できないという。

　他方で，これとはまったく対照的なデータがある。東日本大震災を引き起こした巨大地震の直前の雨量データである。福島県相馬，

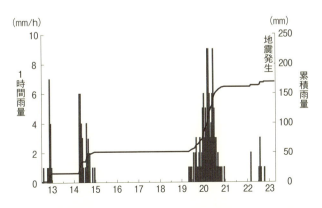

図1　中越地震直前10日間の雨量データ（新潟県栃尾アメダス観測点）

宮城県志津川といった被災地内の観測点では，3月1日〜11日までの間，わずか数ミリの雨量しか記録されていない。東日本大震災の被災地は広大なので地域差はあるが，少雨傾向にあったことは事実である。

　たしかに，東日本大震災でも，福島県内の藤沼貯水池の堤が決壊するなど，土砂災害で犠牲者も出ている。しかし，地震の規模の割には土砂災害が少数にとどまったとの見方が一般的だ。その一因が，直前期の少雨にあったことは間違いないだろう。

　ちなみに，現在発生が懸念されている南海トラフの巨大地震。昭和の南海地震（1946年）は12月21日，昭和の東南海地震（1944年）は12月7日，江戸末期安政の地震（1854年）は12月23日〜24日，宝永の地震（1707年）は10月28日と，冬季（晩秋）の発生が多い。これは偶然であろうが，土砂・地盤災害の誘発効果という観点からは，幸運な偶然である。四国を含む西日本の太平洋側では冬季の降雨量が少ないからだ。しかし，次がどうなるかはわからない。

　この意味で，梅雨末期を経て秋の台風シーズンにかけては，大雨・洪水，そして，雨を主因とする土砂・地盤災害だけなく，さらに，大雨の後に地震が発生することで誘発される土砂・地盤災害にも注意が必要だということになる。

　「しかし，だからと言ってどうすればいいのだ」との疑問が沸くかもしれない。ためしに，台風や大雨の情報が出たら，そのたびに「さらに地震が加わったら……」と，雨だけでなくあわせて地震のことも思い起こしてみよう。また，報道関係者には，このことを多くの人に思い起こしてもらうコメントを一言加えていただければと思う。稀少現象であるがゆえに途切れがちな地震への意識を再喚起する意味もある。

天 7 災害情報のプレポスト・テスト

　これは、「天」に関わる災害、つまり、風水害に限った話ではないが、このところ、災害が起こるたびに、そして、起こってしまった後になって、（少なくとも素人の耳には）新しい言葉を専門家から頂くことが多い気がする。曰く、「"バックビルディング現象"が発生したと見られ……それが"線状降水帯"を形成し」（豪雨災害の後）、「これまでにないタイプの"深層崩壊"が生じたようで……」（土砂災害の後）、「結果的には、2日前の地震は、今回発生した地震の"前震"にあたる地震だったと思われます」（地震災害の後）、など、である。

　むろん、これらの用語は専門家の間ではそれなりに事前から普及していたわけであり、専門家だけが「後出しジャンケン」だとして非難される謂われはない。しかし、防災・減災の専門家に期待されている社会的役割を考える時、完全に無罪放免というわけにもいかないだろう。「地震後に理論が冴える地震学」は、地震学の権威、尾池和夫氏（元京都大学総長）が、自らの専門分野に対する矜持と自虐のニュアンスを共に込めたユニークな川柳だが、ここには、「後追い説明」に対する一般市民の素朴な不信感が実にうまく表現されている。

　さて、あるアクションの有効性を検証するために、その前後でチェックを行うプレポスト・テストという手法がある。たとえば、新しい災害情報の運用開始の前後で、同じ条件のもとで住民の避難率を比較する、あるいは、新規に試みた防災授業の前後で、授業を受けた子どもたちの防災に関する知識・関心の程度を比べる、といった手法である。

　そこここから聞こえてくる「それは被害が出る前に言ってほしか

った」という恨み節，あるいは，「もっときちんと伝えるべきだった」という反省の弁に正面から向き合うための思考実験として，以下のようなプレポスト・テストを考えてみてはどうだろう。

ここに，災害情報に関連した発言に関する理想的なデータベースがあるとしよう。ある災害（X）が発生した時，その事後（ポスト）において，ある研究者A氏が発言aをなしたとして，A氏が，事前（プレ）においても，同一の発言aをなしていたかどうかについて，このデータベースはチェックできるものとする（今日の情報技術を前提にすれば，この種のデータベースは決して空想的なものとは言えない）。そして，このチェックでプレ期の発言なしとわかった場合，ポスト期における発言aは大幅に減点されて評価されるものとする。

今，この種のプレポスト・テストを無事通過できるような発言を，防災・減災の研究者がどれだけ発信できているかどうかと反省してみるのだ。合格点をもらえる仕事をなさっている方もいらっしゃるだろうが，少なくとも私自身は，「不合格」だと自覚している。

たしかに，発言の中に災害Xの発生によってはじめてなしうるようなものもある。あるいは，「今のこの時点は，過去の災害Xのポスト（事後）ではなく，未来の災害Yに対するプレ（事前）であり，私はその立場で発言している」との弁明もありうる。

しかし，一度，専門家はこぞって，真摯に「プレポスト・テスト」を受験してみてはどうだろうか。場合によっては沈黙することも1つの見識だろうし，何より，常にこのテストを意識した仕事をすることが防災・減災学のレベルアップに資すると思う。

天 8 「ああ,バスの屋根の上で一夜の災害」

　2004年10月20日,全国で98人の死者・行方不明者が出た台風23号が上陸した。先日,豪雨災害に詳しい牛山素行教授(静岡大学)が,この災害について興味深い話を紹介していた。防災講演会の際,この災害について「覚えていますか」と尋ねると,発災から数年くらいは,「観光バスの屋根の上で一夜を明かした人がいた」といった反応がすぐ返ってきた。しかし,最近(2014年)では,100名程度聴衆がいても,数名が手を挙げるくらいだという。相次ぐ災害のために,昨年起こった災害すら急速に記憶から遠のく実感もあり,さもありなんと思わせる(人4)。

　実際,筆者はかつて,ある豪雨災害について,その災害に関する新聞記事がどのくらいの勢いで減るのかについて,災害後10年間にわたって調べたことがある。新聞報道量と災害の記憶とが一対一に対応するわけではないが,災害に対する社会的関心の強さを測る目安にはなろう。その結果は,5年で10分の1に,10年で100分の1になるというものだった。上のエピソードとぴたりと符合するデータである。

　さらに,近藤誠司氏(関西大学社会安全学部)が,東日本大震災を事例として,同じこと,つまり,同大震災に関する新聞報道量の長期的な低減傾向について検証した調査でも,ほぼ同様の傾向が見いだされている。新聞報道量は大震災発生後4年間ですでに,当初の分量のほぼ10分の1程度まで減少していたのだ(近藤,2016)。

　さて,台風23号の上陸からわずか数日後,10月23日に,新潟県中越地震が発生した(天6)。これによって,台風23号の印象がさらに弱まった。関西方面にお住まいの方は,同じ関係が,阪神・淡路大震災(1995年1月17日)と地下鉄サリン事件(同年3月20

日）との間にも成立することに気づくだろう。後続の災害が先行する災害の記憶を風化させてしまうわけだ。

このように考えてくると，災害の頻発は，一見災害に対する意識を高めるようだが，必ずしもそうではないことがわかる。つまり，災害が繰り返し起きても，私たち人間は，その教訓をしっかり受けとめる間もなく繰り返し忘れて，より新しい災害へと関心を移しているだけではないか。複数の事例を積み重ね防災・減災に関する学びを総合化していくべきなのに，直近の事例や印象的な事例にだけひっぱられているのではないか。

これに関して牛山教授は，台風23号について，もう1つ重要なことを指摘している。犠牲者（98人）が発生した箇所は全国80地点近くに散らばっており，一ヶ所で複数の方が犠牲になったのは最大でも5人だったという。つまり，この災害には，「必ず引き合いにだされるポイント」が，上で引いた観光バスの事例を除けば，ほとんどなかったのである（なお，このバスの現場では，幸い犠牲者はいなかった）。対照的に，中越地震（犠牲者68人）には，長岡市内のトンネル崩落現場における救助活動や旧山古志村の土砂災害の光景など，人びとの記憶に残りやすい要素が多かったと言える。

台風や災害地震だけでなく，近年は，火山噴火，竜巻や突風など，多様な災害が日本列島各地で頻発している。しかし，災害が相次いでいるからこそ，「見たこともないような」，「かつてない」といったセンセーショナルな言葉にだけ目を奪われることなく，過去をしっかり振り返る必要がある。「かつてなかった」は，単に，私たちが「忘れていただけ」ではないのかと（人4）。

天 9 ダムと土嚢

　巨大なダムと一つ一つは小さな土嚢。この両者がそれぞれに役割を果たして，堤防決壊に伴う大規模な水害をすんでのところでくい止めたと考えられる事例がある。失敗事例と比べあまり光が当たらない貴重な成功事例（人14）の一つとして紹介しておきたい。

　それは，2013年の台風18号による大雨の事例で，特別警報が史上はじめて発表された事例である（天2）。9月16日早朝，ちょうど特別警報が発表された頃，京都市西部を流れる桂川下流で，地元の京都市伏見区久我地区の水防団が決死の土嚢積み作業を行っていた。やがて消防団や自衛隊も加わった。

　見たこともないような水かさで，一部ではすでに越水が起き，「水に浸かりながらの危険な作業になったことが反省点」と水防団が振り返るほどだった。しかし，献身的な作業のおかげで越水は限定的なものにとどまり，堤防本体の決壊や大規模な浸水など，大きな被害には至らなかった。まったく同じ頃，筆者はと言えば，決して賢明とは言えない判断の結果，滋賀県の山間地で小さな孤立状態に陥

図1　川が越水するなか土嚢積みの作業を続ける水防団（京都市伏見区久我地区）
（「久我自治連合会だより」（2014年9月1日号）より）

っていたのだった（天2）。

さて，これまた同じ頃，桂川を含む淀川水系を管理する国土交通省近畿地方整備局では，苦心のダム操作が行われていた（後に，このときの対応は，土木学会の技術賞を受賞する）。桂川の水位が尋常でないことは当然こちらでも把握されていたからだ。桂川上流の日吉ダムはもちろん，淀川水系にある他のダム群でもギリギリの放流量操作が実施されていた。久我地区は，桂川が木津川，宇治川と合流して淀川となる三川合流地点のすぐ近くに位置するため，桂川だけでなく他の二川の水位もまた同地区での河川水位に大きく影響を及ぼすからである。

同局の試算では，これらの操作によって久我地区周辺では，桂川の水位30センチ前後が下がったと見積もられており，仮に，越流などが引き金となって周辺で堤防決壊が生じた場合，浸水深は最大4メートル，1万2千戸あまりが床上浸水の被害を受けたと想定されている。

ここから先は筆者の推測も交えることになるが，同局の巧みなダム操作と，地元の方を含む多くの関係者による土嚢積み，このいずれかが欠けたとしても，事態は相当程度深刻なものになっていただろう。今回，ダムと土嚢，この両者が非常に見事な連携プレーを見せてくれたと言える。

河川防災に限らず，防災・減災の営みでは，ハードとソフト，つまり，堤防やダムなど大きなものを通したアプローチと，土嚢積みや早期避難など小さな行動によるアプローチが対立的なものとして位置づけられてしまうことも多い。しかし，本事例に見た通り，実際には両者は相互に相補し強化し合える。この相互連携の精神を大切にしたい。

天 10 タイムライン防災

　まず,辞書的な定義から。タイムライン防災とは,災害発生が近い将来予想される時点から,事態がより深刻化する時点までの余裕時間(リードタイム)を有効に活用して,被害軽減に資する対策や行動を,あらかじめ練っておいたタイムスケジュールに沿って実施し,同時に,発災後の早期復旧にも役立てようとするもので,アメリカ生まれの考え方である(天3)。典型的には,台風やハリケーンの発生からその上陸までの時間が,タイムライン防災の勝負のしどころということになる。

　タイムライン防災では,ふつう,「いつ」「何を」「だれが」の3つの要素をキーポイントにして,防災関係機関が,とるべき防災行動や行動時点,各機関の役割を細部にわたって検討する。たとえば,台風が上陸する可能性がある場合,その約1日前に,国は台風に関する記者会見を実施し,大きな影響を受けると予想される市町村に連絡職員を派遣する。他方,市町村では避難体制を準備するとともに,避難準備情報を発令したり,避難勧告・指示発令の準備を行ったりする。他方,交通機関等では,サービスの停止等の準備や事前予告を行う……こういった段取りを取り決めておく(天5)。

　読者の中には,「それって,あたりまえじゃないの?」と感じた方も多いかもしれない。たしかにそうである。本当の危機が迫る前に,事態の切迫度(時間経過)に合わせて備えや対応のレベルを変えていくということ自体,さしてめずらしいことではない。これまでも多くの防災機関で,いや,一般の人だって実施してきたことだ。つまり,タイムライン防災の本質は,タイムライン本体というより,複数のタイムラインの「すり合わせ」,言ってみれば,「タイムライン合わせ」もしくは「シンクロナイズド・タイムライン」の方にあ

ると見なければならない。

　このことは裏を返せば，これまで，防災・減災に関わる多様な機関や人びとは，それぞれ独自の，自分たちなりのタイムラインはもっていたが（タイムラインという言葉は使っていなかったかもしれないけれど），それらを相互に「すり合わせ」する作業が十分行われていなかったということだ。

　それは，以下の事実に典型的に現れている。実際，「いったい，どういう関係になってるの？」と混乱した経験をもっている方も多いだろう。つまり，台風そのものをウォッチしている気象庁から，「注意報－警報－特別警報」という系列で情報が発表され（天2など），他方で，市町村からは，「避難準備情報－避難勧告－避難指示」という系列で避難情報が発令され（天5など），さらに，川の水位については，「水防団待機水位－氾濫注意水位－避難判断水位－氾濫危険水位」といった，ちょっとマニアックな響きのある言葉の系列も聞こえてくる……。それぞれ独自のタイムライン（的なもの）がありそうだが，相互の関係はいったいどうなっているのだろう。「指定河川洪水情報」と呼ばれる情報など，プロの間ではリンクへ向けた動きもあるが，まだ十分ではない。

　最後に一つ，見逃されがちだがきわめて重要なピースを付け加えておこう。それは，そこに暮らす地域住民，つまり，事が発生すれば，避難など実際にアクションを起こす必要のある人びととの間でも「タイムライン合わせ」を行っておく必要があるということである。多くの防災関係機関が，よく訓練されたオーケストラよろしく災害対応の美しいハーモニーを奏でたとしても，肝心の住民がカヤの外では不協和音が混じってしまう。筆者の研究室で取り組んできた「地域気象情報」や「生活防災タイムライン」（天11）は，まさにこの点を補強しようとする試みである。

天 11 地域気象情報

　「地域気象情報」とは，筆者の研究室に学んだ竹之内健介氏（三重県庁）が熱心に育ててきた仕組みである。「××川が氾濫注意水位に達しました」のような，素人にはよくわからない（ことが多い）情報ではなく，「××橋のオレンジの線まで水位が上がっています」のように，一般の人（地域住民）が日頃見慣れている事がらを利用したローカルな気象情報を，地域住民，地元の行政，さらに気象や河川の専門家も加わって共同で作成する仕組みである。

　こうした情報は事態の切迫度に応じていくつか設定され，「生活防災タイムライン」の名のもとで，「タイムライン」（天10）の住民版としての機能を果たしていることも重要である。そして，場合によっては，気象台や地元の行政から関連情報が発信される前から，ソーシャルメディアなどを通して地域住民で共有され，早めの対応に役立てられている。

　「地域気象情報」には，情報の作り方や伝え方という点で重要な意味がある。つまり，「地域気象情報」は，従来，気象関連情報の作成・伝達を一手に担っていた専門家たち（たとえば，気象庁や河川管理者）から発表される従来型の情報（たとえば，「大雨警報」や河川水位情報）だけでなく，これまで，こうした情報の受け手（消費者）としてのみ位置づけられていた地域住民が自らも関与して生みだす情報である（地15）。「空振り感」（天1）の解消にも資する。

　しかも，これら2つの情報——専門家発の情報と地域住民由来の情報——を単に併用するのではなく，両者の対応関係を当事者たちが密にコミュニケーションしながら共同でチェックする点，かつ，相互チェックをもとにして，最終的な情報表現についても両者が共同で検討している点に「地域気象情報」の大きな特徴がある。

12 トリプルスリー

　毎年，年末になると，その年の世相を彩った言葉，新しく登場した言葉などを対象に「新語・流行語大賞」が発表される。2015年の「年間大賞」に選ばれた言葉は「トリプルスリー」であった。プロ野球で，一人の打者が同一シーズンに「打率3割以上・本塁打30本以上・盗塁30個以上」を実現することである。野球に詳しい方ならおわかりだと思うが，これは相当高いハードルである。しかし，2015年は，史上はじめて同時に2人がこの記録を達成して，この語も広く社会に知られるようになった。

　「30」で思い出すのが，台風の発生数だ。気象庁によると，1981～2010年の30年間の平均では，年間で約26個の台風が発生し，約3個が日本に上陸している。年平均でも，合計数は30個，上陸は3個と，「ダブルスリー」に届きそうな勢いなのだ。ちなみに，発生数の最多は39個（1967年），日本への上陸数の最多は10個（2004年）である。後者は，「天6」や「天8」で取り上げた，あの台風23号の来襲と中越地震がほぼ重なった年である。

　さて，2015年は，「30」には至らなかったものの，合計27個の台風が発生し，同年9月には，鬼怒川を決壊させ茨城県常総市などに大きな被害をもたらした台風18号も来襲した（人4）。

　また，この年は，「今年は春先から台風が多いな」という印象をもった方が多かっただろう。それもそのはず，台風が正月早々の1月から年末の12月まで毎月連続発生したのは，気象庁が記録を取り始めて以来はじめてのことだった。野球で言えば，本塁打をシーズン通してコンスタントに量産したということだろうか。今後は平穏を願いたいが，地球温暖化，海水温の上昇といった言葉を耳にするたび，そうはいかないのだろうと少々悲観的な気分になる。

天 13 流行語に見る災害

「天 12」で話題にした「新語・流行語大賞」。思い立って，第 1 回（1984 年）から第 32 回（2015 年）まで，災害に関係する用語が各年のトップ 10 にどの程度入っているか調べてみた。すると，インパクトの大きさから推して，地震・火山など「地」の災いに関する言葉がほとんどかと思いきや，意外にも「天」に関する言葉も多いことに気づいた。

「気象観測史上はじめての……」（1990 年）。そう言えば，地球温暖化，オゾン層破壊など，地球規模での異常気象に社会の関心が向き始めたのもこの頃からだった。しかし，今となっては，このフレーズ自体が日常化している。そのことが恐ろしい。

この後，「火砕流」（1991 年），「がんばろう KOBE」「ライフライン」「安全神話」（すべて 1995 年）と，「地」の災いに関する用語が続いた後，2000 年代に入ると，「猛暑日」（2007 年），「ゲリラ豪雨」（2008 年），「爆弾低気圧」（2012 年）と，1990 年代初頭に予見していた心配が現実化してしまったことを思わせる言葉が登場してくる。

たしかに，2007 年は猛暑の年だった。日本における最高気温の歴代ナンバー 1（2016 年時点）は，2013 年 8 月 12 日，高知県江川崎で記録された 41.0 度であるが，2 位（40.9 度，埼玉県熊谷）を含め，上位 10 位のうち 4 つまでを 2007 年の記録が占めている。また，「ゲリラ豪雨」は，天 4 で取り上げた都賀川水害（2008 年 7 月）で大きな注目を集めた。

そして，「3.11」「絆」「帰宅難民」「風評被害」と，一気に 4 語がトップ 10 入りした 2011 年については多言を要しないであろう。自然の力は時に人知を超えている。手痛い「倍返し」を食らわないように，対策を進めるのは「今でしょ」ということだろうか。

天 14 データの「深読み」

　表1は,「特別警報」(天2) に関する世論調査の結果である。ここで注目したいのは,通常なら分析の邪魔者扱いされる DK・NA (Don't Know:「わからない」と No Answer:「無回答」) である。

　Q4 で (特別警報について)「まったく知らなかった」「聞いたことはあるが意味は知らなかった」と回答した人 (836 人) のうち, 89% にあたる 744 人もの人が, 警報の評価について問うた Q14 に対して,「わからない・無回答」ではなく,「何らかの評価」(「大いに役立った」「あまり役立たなかった」など) をしている点が重要である。

　論理的には,知らないことについて評価を求められても,「わからない」と回答するのが理屈である。だから, この 836 人はほぼ全員, Q14 では「わからない」と回答するはずだ。しかし, そうはなっていない。

　データに信頼性がないと言いたいのではない。逆である。よく知りもしない特別警報に対しても一般の人が評価を下してしまっている, このデータの中に, 現在の災害情報が抱える落とし穴——次々に新しい情報が登場しては, 性急に「役立つ／役立たない」との評価がなされ, いつの間にか多くの情報の中に埋没していく——が明確に現れている。このデータは, そう「深読み」すべきなのだ。

表1 「特別警報」に関する世論調査の結果 (福永・政木・河野, 2014 から)

Q4 知っていたか ＼ Q14 役だったか	何らかの評価	DK・NA	合計
知っていた	892	55	947
まったく知らなかった／意味は知らなかった	744	92	836
DK・NA	9	17	26
合計	1645	164	1809

天 15 あの日の天気

　だれにだって特別な日がある。自分やわが子がこの世に誕生した日なども、その一つだろう。しかし、その日はどんな天気だったかと尋ねられても、「う〜ん」と唸ってしまうのがふつうかもしれない。特別な日とは、喜怒哀楽どの方向を向いているにせよ、「それどころではない」ことが起こっている日なのだから、天気のことなど構っていられないのだろう。

　しかし、不思議なもので、時が経過すると、その日の天気がふとよみがえってくることがある。これは、おそらく、その日の空気感が出来事のディテールを彩る大切な要素だからだ。その証拠に、たとえば、「年が押し詰まって寒くなってくると、あの日のことを思い出して辛くなるんです」と話してくれる知人がいる。この知人は、阪神・淡路大震災の語り部団体の仲間である（地8）。この大震災の記憶は、何年経とうがあの寒く晴れた朝の空気感とともにある。

　歴史的な出来事が天気とともに記憶されているケースも、意外に多い。もちろん、古いものの中は、後年の脚色とごっちゃになって、真偽のほどに疑念がある場合もある。たとえば、東京オリンピック（1964年）の開会式における「日本晴れ」、226事件や忠臣蔵の討ち入りにおける大雪、桶狭間の合戦におけるにわか雨など、である。

　「あなたへの天気図」（(株)ハレックス）という、ユニークな商品サービスがある。希望する特定の年月日の天気図を印刷してくれるものだ（過去およそ100年分）。天気図に少しでもなじみのある人なら、あの日の天気をおおよそ推測することができるだろう。

　ちなみに、地4の主役、阿武山地震観測所には、100年近く前からの地震計の日々の記録が残されている。筆者も自分の誕生日の記録を調べてみた。大きな地震の記録はなかった。

地
[chi]

の巻

地 1 熊本地震を経験して（その1）

当事者になって

2016年4月，熊本地震が発生した。筆者は，この地震で，熊本市東区で一人暮らしをしていた80歳代の義母（妻の母）が被災するという経験をもった。4月16日午前1時半頃発生した，いわゆる「本震」の約24時間後，16日の深夜，筆者は熊本入りし母を自分の自宅（関西）に避難させた。高齢であるだけでなく，心臓ペースメーカーを装着しており，他にも高血圧，糖尿病，太腿の動脈硬化による歩行困難など，いくつも健康上の不安を抱えていたからだ。

まず本項（その1）では，地震直後の24時間あまりの間に母の身の上に起きた出来事から筆者が学んだことを記したい。はじめに結論を述べておけば，目新しいことがわかったわけではない。以前から「やっておくといいですよ」と言われ続けてきたことが実際にとても大切だと再認識したというのが実感である。裏を返せば，大切だと指摘されていたのに手を抜いていたことは，確実に母の命を危険にさらす方向に作用した。今回，当事者になってみて，このことを身に染みて感じた。

家具固定

母は11階建てのマンションの9階に暮らしていた。本震による東区の震度は6強。自宅からは今回被害が集中した益城町（震度7を記録）を見渡すことができる距離である。揺れは大きかった。母は，幸いリビングにいた。幸いというのは，もし他の場所にいたら大怪我は免れず，母の体調を考えるともしかすると命に関わったかもしれなかったからだ。

図1はキッチンの様子である。大きな食器棚が2つ倒れている。

図1 キッチンの状況（2つの大きな食器棚が倒れている）

図2 リビングの状況（母はこのソファでやすんでいた）

筆者の仕事を考えると反省の弁しか出てこないが，家具固定していなかった。他方，図2はリビングルームである。母は夜もリビングルームのソファでやすむことにしていたので，この部屋だけは腰より高い家具を置かず，いわゆる「安全空間」にしていた（以前は大きな書棚があったがすべて撤去した）。それが母の命を守ってくれた。家具固定（家具の撤去）は，現実に家族の命を守ってくれたのである。

図3 母が持ち出したハンドバッグ

　本震直後，母は腰が抜けて歩けなくなっていた。すぐ停電したので，あたりは真っ暗である。しかし，普段から，小さな懐中電灯，携帯電話，保険証，身障者手帳，お薬手帳など一式を入れたハンドバッグ（図3）を手元に置いて休んでもらうようにしていた。これも，しばしば「やっておきましょう」と言われることの一つで目新しいことではないが，この後非常に役立つことになる。

救出劇

　母は，動けないまま，懐中電灯だけを手に周囲の様子を探っていた。その光に気づいてくれた方がいた。近所の商業施設の警備員さんだった。懐中電灯は，何かを見るためのものであると同時に，自分を見てもらうためにも役立つと知った。母が玄関までたどりつけなかったので，その方はベランダ側から隣家との隔壁を蹴破り，リビングの窓を割って部屋に入ってきてくれた。

　ひとまず助かった。しかし，もちろん，まだ終わりではない。足の悪い母を9階から地上まで避難させてくれたのはご近所の方々である（エレベータはもちろん使えない）。幸い，近所づきあいは豊か

な方だった。マンションの管理組合（自治会）の方も、「あの部屋には一人暮らしの足の悪いおばあちゃんがいる」と知ってくれていた。地震の数ヶ月前に実施されたマンションの防災訓練に、帰省中の妻が参加していた偶然もよい方向に働いた。「防災の基本はご近所づきあいです」「訓練には参加しましょう」——これらも防災・減災対策の定番メニューであるが、今回、その意味がよくわかった。

　母がマンション前の広場に降り立つことができたのは、午前3時過ぎだったらしい。上述のハンドバッグを大事に抱えて出た母も、やはり精神的に混乱状態にあったのだろう。その時になって、はじめて「寒い」と感じたという。休んでいた時の姿のまま、着の身着のままだった。そんな母に救いの手を差し伸べてくれたのも、管理組合の方だった。親切に自分のクルマに同乗させてくださり、夜明けまでマンションに隣接する商業施設の駐車場の車中で寒さをしのぐことができた。

　この方は、防災面での心得も大変豊富で、「ずっと狭い車中にいるのは身体によくない」（エコノミークラス症候群を念頭に置かれていたのだろう）と、朝になると小型のテントを自宅から出して、駐車場横の細長い緑地スペースに立ててくれた。おかげで母はゆっくり脚を伸ばすことができた。もちろん、この駐車場も緑地スペースも行政の指定避難所ではない。その日は、一人の行政職員も、一つの支援物資も来なかったとのことだ。

　もっとも、行政の対応を批判する目的でこのようなことを記しているのではない。大災害とは、被災地とは、もともとそういうものである。それだけに、直後の一番辛い時期に、このような形で母を助けてくれた「共助」の力に心から感謝したいと思うし、その大切さをあらためて思い知った次第である（以下、「その2」に続く）。

地 2　熊本地震を経験して（その2）

24時間で4つの避難場所

　前項「その1」で，熊本地震で被災した一人暮らしの義母がマンションの一室から助け出されたところまで書いた。「本震」の当日（2016年4月16日），昼頃になって，母の携帯電話に親戚から電話がかかってきた。熊本市内のある避難所（ホテル）の条件が大変いいという情報である。電気は通っているし，暖房も入っている。温かい食事まで出ているらしい。「その1」で記した管理組合の方が親切に母をクルマでそのホテルまで送り届けてくれた。ご自分は，不便な車中生活に戻るのに，である。

　しかし，母にとって，車中，テントに続く，第3の避難所であったホテルでの時間も長くは続かなかった。携帯電話等が普及した現在，被災地ではいろんな情報があっという間にかけめぐる。好条件を知った被災者がホテルに殺到してきたのだ。そこも指定避難所ではなく，好意で開放していただけだった。さすがに対応できなくなって「他にご移動ください」という事態になった。幸い，母はつてを頼って近所の学校の一室に移動することができた。16日夜のことであった。筆者が母と出会うことができたのは，その避難所である。

　このように振り返ってみると，わずか24時間の間に，母は4回も移動している。4つの場所は，どれも行政の指定避難所ではない。そして，この間の母（一人の被災者）の動きを行政はまったくモニターできていない。ここでもまた，行政批判のためにこのように書いているのではない。むしろ，大きな災害時に，自分や自分にとって大切な人の身を守るためには，周囲の人の助けを求めることも含めて，自分たち自身の努力が大切だし，それだけが頼りになるということを今一度肝に銘じておきたいのだ。

他方で，行政サイドから見た時，あらかじめ指定した避難所にだけその周辺の避難者が集まっていて，そこに計画通りに職員を派遣して名簿を作成して……といった美しいシナリオが，夢物語として忘れた方がいいことも事実だ。たしかに，小さな災害ではそれも有効かもしれない。しかし，大災害は，そうしたシナリオが壊れたところから始まるのだ。

被災地から離れて

　翌4月17日，筆者らは福岡経由で関西に向かった。福岡で，筆者は，何の気なしに母に新聞を見せてしまった。状況を知りたいと思っているのではないかと考えてしまったからだ。その時母は泣きだしてしまう。見出しに並ぶ死者や避難者の数を見たためだった。自分を助けるために努力してくれた多くの方がまだ被災地で大変な思いをしている中，「自分だけ逃げ出してしまった」。そういう思いが募ってきたからだという。心理学者として恥ずかしい失態であった。

　筆者の自宅に避難した母は，幸い大きく体調を崩すこともなく，関西で日常生活を再スタートさせることができた。そのとき役立ったのが，母が避難時に持ち出してくれたお薬手帳入りのハンドバッグだった（「その1」参照）。おかげで，関西でもすぐに投薬，治療を受けることができた。そのことを熊本でお世話になっていた看護師の方に義母が電話で伝えると，「それは，よかったですね。今，そのお薬，熊本中探しても手に入りませんよ」とのことだった。

　数ヶ月後，ある人が，熊本の老舗デパートから当地の幸を届けてくれた（この人は，熊本の人ではない）。母は，懐かしい包装紙をとても嬉しそうに眺めていた。阪神・淡路でも東日本でも指摘されてきたように，県外（域外）避難者は，どうしても割を食う。行政も，目の前にいる被災者の対応で手一杯だからだ。それはそれで理解できるが，小さな心遣い一つで，県外被災者と被災地とをつなぐこと

ができることも知ってほしいと思う。

ボランティアとの後片付け

　残る問題は，自宅の後片付けだった。義母が暮らしていたマンションは大規模な損傷は免れたとはいえ，室内はとんでもない惨状だった。特に，屋上の貯水施設が破損したことが災いした。救出直前，電話越しに，母はしきりに「床が水浸し」と訴えていた。「マンションの9階なのに？」と当初意味がわからなかったほど，水による被害は筆者にとっても「想定外」であった。水に濡れたものはすべて重くなり，またカビなどの発生源となって，後片付けの負担を大きくした。

　本震から約半月後，妻と後片付けに向かった。水に濡れた家財を二人だけで何とかできるはずはなかった。熊本市で災害ボランティアの募集が開始されたと聞いたので，ボランティアセンターにFAXで事前に申込みを行った。しかし，待てど暮らせど返事はなかった。ボランティアセンターも当初は大混乱である。仕事柄，その程度の知識はあったので，当日，直接出向いた。すると，連休中ということもあり，案の定，ボランティアをしようという人が，ボランティアを求める人よりも圧倒的に多数だった（図1）。

図1　熊本市内に開設されたボランティアセンター

図2　部屋の片付けを手伝ってくれた高校生ボランティア

こうして，ご縁あって，鹿児島県の神村学園という学校の先生と生徒さんにボランティアに来てもらうことができた。正直，重労働だったと思う。まだエレベータが止まっていたからだ。かび臭い部屋での後片付け作業の後，次から次に出るゴミを，しかも濡れて重くなったゴミを，高校生たちは9階の部屋から1階のゴミ捨て場まで何十往復もして運び出してくれた。また，アルバムや貴重品とおぼしきものを見つけると，そのようにしなさいとの指導が学校からあったのだろう，「これは捨てていいですか」とていねいに確かめてくれた（図2）。

ボランティアに助けてもらうのは，案外むずかしい。「万一怪我させてしまったら」とか，「ほんとにただ働きしてもらっていいのだろうか」とか，いろいろ考えてしまうからだ。未来の災害に備えて，機会があれば積極的に災害ボランティアにも出かけて助ける側に立つと，その経験を通じて，助けられる側の思いも理解できるようになると感じた。

筆者は，熊本地震から特に目新しいことを知ったという印象は受けなかった。むしろ，これまで「やっておくといいですよ」と言われ続けてきたことが，本当に大切なんだと実感した。ありふれた感想に帰着してしまったが，正直，これが最大の学びであった。

地 3 10年＋10年としての阪神・淡路大震災

　2015年，20回目の1.17を前に，阪神・淡路地域では，あの大震災や災害復興の歩みを振り返るとともに，あらためて災害への備えについて見直そうという機運が高まっていた。

　当時，筆者は，あえて，阪神・淡路大震災の発生10年目の年から，さらに10年が経過した時点として，20年目を見つめたいと考えていた。筆者自身，大震災から10年目を期して取り組んできたことがいくつかあり，その成果と課題を検証することが，20年目以降を展望することにもつながると思ったからだ。

「クロスロード」

　大震災発生から10年が経過した年，つまり2005年に筆者がスタートさせたことが3つあった。1つ目は，防災学習ゲーム「クロスロード」（矢守・吉川・網代, 2005）の取り組みである。「クロスロード」とは「分かれ道」，そこから転じて「重要な決断」を意味する言葉である。このワークショップ形式の教材は，たとえば，「小学校の校庭に仮設住宅を建てるか否か――YES or NO？」「3000人が避難している避難所に届いた食料は2000人分のみ。すぐに配るか――YES or NO？」のように，阪神・淡路大震災の被災地で実際に人びとが直面したジレンマを二者択一形式の設問として再構成し，集団で議論する防災学習教材である。

　幸い，その後広く活用いただき，当初作成したバージョン「神戸編」のほかに，その後「市民編」「災害ボランティア編」なども加わり，東日本大震災の被災地でも役立てられた。また，教材のユーザーが作る全国組織の主催で，20年目を目前にした2014年12月には，神戸をはじめ全国12の会場をインターネット等で結んで「1000人

図1 「1000人クロスロード」のメイン会場（神戸市中央区）

クロスロード」というイベントも開催された（図1）。

「語り部 KOBE1995」

2つ目は、「語り部 KOBE1995」の活動である。これは、大震災の被災者が、やはり2005年に結成した震災の語り継ぎ（人15）のための団体であり、筆者もお手伝いしてきた。前身となる団体はあったが、この団体そのものは震災から10年目のスタートであった。そのため、発足当初から、被災者自らが語ることとは別に、次世代との連携に力を入れていた（人15）。

たとえば、神戸で防災・減災について学ぶ大学生が中高齢の語り部の体験談を聞き取り、その結果を絵本やビデオクリップなどの教材として再構成し、その教材とご本人のお話を組み合わせた防災授業を実施するといった活動を行ってきた。語り部メンバーと大学生とで、東北の被災地の子どもたちを神戸に迎えたり、逆に東北の小学校を訪ねたりするなどの交流も実施してきた。2014年12月には、結成10年目のイベントを開催し、「20年後のことば、10年目のことば」と題した記念冊子も刊行した。

「災害メモリアル KOBE」

3つ目は、「災害メモリアル KOBE」と呼ばれる周年行事で、これ

は10年目以降毎年開催し，震災20年目に10回目を迎えた。この行事では，震災から10年以上が経過したからこそ成り立つ新しい語り継ぎのスタイルを模索してきた。

　一例をあげよう。大震災から14年が経過したある日，筆者は，神戸市内の小学校に井上雅文さん，奈緒さんの親娘を招いた（図2）。雅文さんは，大震災当時39歳，被災地の第一線で消防士（レスキュー隊員）として活動した。娘の奈緒さんは，当時7歳，小学校1年生であった。その後，奈緒さんは，自分自身が消防士，つまり，父親と同じ職業についた。その日，21歳になっていた奈緒さんに語ってもらったのは，その間の経緯である。二人の話に耳を傾けたのは，その小学校の5年生たちである。もちろん，大震災当時はまだ生まれていない。

　奈緒さんは，「自分はお父さんっ子だった。とても仲がよかった。それなのに，急にお父さんがちっとも家に帰って来なくなって，とても不安だった」と当時について語り始める。さらに，「不安だったけど，お母さんにも甘えられなかった。そのときはまだ1歳の妹がいて，お母さんは大変そうだった。お父さんは帰ってこないし，地震で大変だということは，子どもでも何となくわかった」と続けた。それでも，奈緒さんは，その後，「家が大変なときでも家族をおいて

図2　災害メモリアルKOBEで小学生を前に語る井上さん親娘
（神戸市内の小学校にて）

仕事に行く，そんな消防士という仕事に逆に興味をもつようになった」。実際，それから約10年後，奈緒さんは消防士になったのだ。

このように，奈緒さんは，大震災当時のことはそこそこに，むしろ，「それ以後」のこと，つまり，自分が消防士となるまでについて多くを語ってくれた。雅文さんにも，「あのとき」のレスキュー活動の内容だけでなく，「それ以後」の娘の成長について父として感じたことについても話してもらった。

言うまでもなく，これは，災害から一定の年月が経過したからこそ成立する語りのスタイルである。ただし，従来のように，年月の経過イコール「風化」ととらえたくはなかった。年月が経過したからこそ，逆に生まれ「成長」してくるものも被災地にはあるはずとの考えがベースにあった。災害を伝える活動にはこうした側面も含まれてよいはずだと考えていた（人11）。

インターローカル／インタージェネレーショナル

以上に概観した3つの取り組みの特徴は，2つのキーワード，「インターローカル」（地域間の連携）「インタージェネレーショナル」（世代間の交流）として集約できるだろう。阪神・淡路にルーツをもつ知恵や思いが，防災学習ゲームという形で，大学生と被災者とが共作した教材という形で，あるいは，震災からの時間の中でたくましくなった若者の成長物語という形で，他の地域や次の世代へと受け渡されていく。

阪神・淡路大震災以降，日本社会は，災害頻発時代に入ったと言われる（天8）。そこに，あえて一筋の光を見いだすとすれば，ここで述べたような，インターローカル，かつインタージェネレーショナルな備えと支援のネットワークを構築することではないだろうか。

地 4 地震サイエンスミュージアム

京都大学阿武山地震観測所

　災害や防災・減災について学ぶことができるサイエンスミュージアム（博物館）が，近年増えてきた。その中から，筆者自身が運営に関わっている少しユニークなサイエンスミュージアムについて紹介しよう。どこがユニークかと言えば，このミュージアムが現役の地震観測所でもあるという点だ。

　この施設，阿武山地震観測所は，筆者が勤務する京都大学防災研究所が全国に展開しているいくつかの観測施設の一つで，大阪府高槻市の小高い山の上にある（図1）。阿武山地震観測所は，今から85年以上も前，1930年（昭和5年）に建設された。そのため，日本における地震学の草創期に導入され，その後の地震学の発展を支えた歴史的価値のある地震計が当時の姿のままで多数保存されている。

　少しだけ例を挙げておこう。まず，水平・垂直それぞれの方向のゆれを計測する機械ユニットが，それぞれ約1トン（車1台分の重

図1　阿武山地震観測所の外観

図2 重さ約1トンのウィーヘルト地震計

さ)もある最初期のウィーヘルト地震計(図2),米ソ冷戦時代に地下核実験の察知目的にも使われた米国製のプレス・ユーイング式地震計(核実験は地震とは異なる独特の震動を生むため検知できる),そして,現代の最新鋭地震計の一つ,「満点地震計」(地5)などである。

ちなみに,ウィーヘルトとは地震計を開発したドイツ人研究者の名前である。今や世界の地震研究をリードする日本だが,当時は地震計を開発するだけの力がなかった。他方で,「満点地震計」は重さわずか1キロ。つまり,地震計は80年あまりかけて,1000分の1の軽さになるまで進化したわけだ(もちろん,性能も著しく向上した)。地震計を使って核実験を察知していたこととも合わせて考えると,一見無機質な地震計にも人間や社会の息づかいが感じられる。

一般市民がガイド役

大学の研究施設,現役の観測所——。このように聞くと,「子どもにはむずかしそう,何となく近寄りがたい……」,そんな印象をおもちになる方も多いかもしれない。でも,心配は無用である。阿武山

地震観測所には，現役の観測所であることに加えて，地震サイエンスミュージアムとしての顔もあり，展示や解説にいくつもの工夫を施しているからだ。

実は，阿武山地震観測所には，以前閉所の話が出ていた。開設当時とは観測機器や研究体制が変化し，しかも折からの経費節減へ向けた当局からのプレッシャーのもと，図体の大きい観測所を維持するのは困難ではないかとの話になっていたからだ。しかし，観測所長の飯尾能久教授は，学生時代から関わってきた観測所の存続を模索した。

そんな中で，筆者は，2010年，特徴ある施設を地震観測所としてのみ活用するのはもったいない。地震学や防災について学ぶサイエンスミュージアムとしても活用できないか。こう思い立って，飯尾所長はじめ観測所のスタッフと，「阿武山観測所地震サイエンスミュージアム化構想」を立ち上げた。その中心が上述した歴史的な地震計群だが，もう一つ工夫したことがあった。

それが，所内の地震計を見てまわるツアーのガイド役を一般市民の方（ボランティアスタッフ）に「担って」もらう仕組みである（地

図3 「阿武山サポーター」による地震計のガイドツアー

15)。この方々は「阿武山サポーター」と呼ばれている。「阿武山サポーター」の多くは，もともとはミュージアムの来館者，つまりお客さんとして阿武山地震観測所の見学に来た一般の方である。しかし，その後，筆者らの呼びかけに応じてくれた方々が観測所主催の講習会を受講し，十分なトレーニングを受けてからミュージアムのガイド役としてデビューするに至ったのだ（図3）。

よって，「阿武山サポーター」は，今や知識も経験も十分で，実際，ガイドツアーの終了後に実施するアンケート調査では，本職の研究者が案内した時よりも，「阿武山サポーター」が担当した場合の方が来場者の評価が高いといった苦笑いしたくなるような現象も起こっている。おそらく，「阿武山サポーター」の方が，子どもを含めた一般の方がどんなことに興味をもっているのか，逆に何が理解しづらいのかがよくわかるからだろう（人15）。

さらに，夏休み期間には，「阿武山サポーター」が指導役となって，子どもたちを対象に手作りの地震計（ペットボトル地震計）を製作する特別プログラムも開催している。こちらも地震計の基本となる仕組みがよくわかる上に夏休みの課題としても最適なので，毎年好評を博している。今では，本拠地の観測所だけでなく，別のサイエンスミュージアムや周辺の公民館施設などに出前に出かけるまでになっている。

地震学に限らず，サイエンスが高度化すればするほど，科学と社会との隔絶，研究者と一般市民との距離感が課題視され，サイエンス・コミュニケーションやアウトリーチ活動（地15）の重要性が叫ばれる。ささやかなものだが阿武山地震観測所での試みは，そうした社会的ニーズに応えようとするものでもある。

地 5 地震計のある小学校

「満点計画学習プログラム」

 2009年12月，筆者らは京都府の山間部に位置する京丹波町の下山小学校を訪れ，小学生（5，6年生）とともに1台の地震計を学校の片隅に設置した（図1）。この「満点地震計」という名の新型地震計は，京都大学防災研究所阿武山地震観測所が進めている「満点計画」の一環として設置したものである。「満点計画」とは，新たに開発された小型・安価で保守の容易な地震計を数多く（「万点」）に設置して充実した観測網を作ることによって，理想的な，つまり，「満点」の地震観測を行おうとする最先端の地震観測研究である。

 ところが，大きな問題が1つ。地震計の設置場所の確保に苦労しているというのである。防災心理学を専門とする筆者は，観測所長の飯尾能久教授（地震学）からこの話を聞いて，「それなら，学校に置いてはどうか」と思いたった。そうすれば，研究者は設置場所を確保できるし，地震計の保守やデータ回収作業も省力化できる。「満点地震計」は最新式で，小学生にも十分取り扱える程度にまで簡

図1 小学生による満点地震計の設置（京都府京丹波町下山小学校）

素化されているからだ。他方で，学校側にとっても，「満点計画」に活用する地震計と連動した防災教育（「満点計画学習プログラム」）によって，集団避難訓練に代表される陳腐な防災教育（海5）に新風を吹き込むメリットがある。「理科離れ」対策にもなりそうだ。筆者は，これぞ一挙両得の計なりと意気込んだ。

いろいろハプニングもあったが，子どもたちのがんばりに加えて先生方のご支援もあり，この取り組みは順調に展開し，その後も代々の6年生が地震観測と地震計の保守を担当してくれている。下山小は「地震計のある小学校」なのだ。

何よりも大切なことは，「満点計画学習プログラム」では，「本物」の地震研究に小学生たちが一役買って，それを「担っている」ことである（地15）。小学生たちが担当しているのは，研究全体の，文字通り，万分の一（多くの観測点のうちのたった1つ）かもしれない。しかし，そこで得られたデータが実際に最先端の地震観測研究（「満点計画」）に活かされているし，そのことが子どもたちにわかるように授業の内容も工夫している。

防災教育に対する関心は，近年，一定の高まりを見せている。しかし，防災教育の多くが，「本物」の災害研究や防災実践にあたる人たち（専門家）と，一般の人びと（子どもたち）とをかえって分断する結果をもたらしていないだろうか。「素人には素人用にわかりやすく編集した情報だけを知らせておけばよい」「子どもなんだから，水消火器を使った訓練で十分だろう」。この種の「浅いアウトリーチ」（地15）ばかりでは，「本物」と「まがい物」の溝はいっこうに埋まらないばかりか，むしろ広がるばかりだ。

もちろん，防災のプロの世界と一般の世界との間にちがいはある。しかし，両者は断絶しているのではなく，その間に両者をつなぐ回路があることをみなが実感するような形で防災教育は実施される必要がある。「満点計画」という地震研究の最先端も，その最前線はデ

ータや数式ばかりではなく，むしろ，セメントをこねて機器を固定するといった具体的で身体的な作業だ。こうした地道な作業——そう言えば，「生まれて初めてセメントをこねた」と言っていた児童がいた——が，「本物」の地震研究とつながっているという実感を子どもにもたせることが大切である。

地震計が作るつながり

満点地震計を設置している小学校が，実は日本にもう1つある。鳥取県日野町にある根雨小学校である。ここにも，下山小学校の1年後，2010年に「満点地震計」が設置され，同じく，その後6年生が一貫して地震計のメンテナンスを担当している。

2012年には，根雨小と下山小，そして，「満点計画」の基地である阿武山地震観測所の3地点を結んで，インターネット中継による防災授業を実施した（図2）。観測への協力に対する感謝の気持ちと，地震計でご縁ができた小学校同士の交流を深めたいとの思いから発案したものだった。

観測所からは，「満点計画」のリーダーである飯尾能久教授らが，「満点地震計」の先祖にあたる巨大な「ウィーヘルト地震計」ととも

図2　インターネット中継授業の様子（鳥取県日野町根雨小学校にて）

に登場した。「満点地震計」は手のひらサイズだが,「ウィーヘルト地震計」は,約1トンの重さだ(地4)。驚く子どもたちを前に,飯尾教授が「満点計画」について解説し,同時に「満点地震計」のお世話に対するお礼の言葉を述べた。また,両小の子どもたちは,それぞれの学校や周囲の様子についてお手製のイラストを駆使して紹介してくれた。

インターネットを介した中継映像は鮮明とは言えないし,音声の質もよくない。しかし,中継を通じて,子どもたちは,「観測所には実際に地震博士がいて研究をしている」「自分たちと同じことを遠くでしている友だちがいる」という手応えを,宇宙ステーションからの中継映像さながら感じてくれたと思う。

また,それぞれ相手側から刺激を受けた点もあったようだ。根雨小は,2000年の鳥取県西部地震の被災地に位置し,周辺には全壊家屋も多数あった。特に,ネット授業が実施された2012年は地震から12年後にあたっていたので,6年生の中には,まさに西部地震の発生前後に生まれた子どもたちもいた。それもあって,根雨小の児童はこの地震について保護者や地域の人から調べ学習した成果についても詳しく報告してくれた。

他方,下山小付近は,阪神・淡路大震災を引き起こした淡路島の野島断層から有馬・高槻断層帯を経て琵琶湖西岸の断層帯へと至るラインの上にあって,ネット授業当日の数日前にも震度3の地震があったばかりだった。そんな最近の地震の観測結果についても報告してくれた。

2つの小学校は,全校児童が100人未満でほぼ同じ規模,中山間地に立地している点も似ている。地震を中心とした学習が狭い意味の防災教育にとどまらず,地震計が作るつながりをベースにして,地域社会を知ることや地域を越えて友だちの輪を広げることにもつながれば,防災教育にも深みと広がりが出てくるだろう。

地 6 想定内の中の想定外

2016年4月,熊本地震が発生した(地1&2)。ここに,「熊本県地域防災計画(平成27年度修正)」と題された資料がある。熊本地震の発生前に公開されていた資料である。そこにいくつかの被害想定結果が掲載されている。

それによると,熊本県にとって最悪のシナリオでは,地震の規模はM7.9とされていた(実際の熊本地震(本震)は,M7.3)。このシナリオとは,「布田川・日奈久断層帯中部・南西部連動型」の地震である。これらは,まさに今回の地震を引き起こした断層帯である(活動部分は多少異なる)。以下,最大想定震度は7(今回震度7),想定死者数960人(今回49人,関連死含まず,2016年5月末の政府発表による,以下同様),想定負傷者数27,400人(今回1,596人),想定避難者数15万6千人(今回4月17日朝に18万人超,しかし翌日は10万人程度に),想定全壊建物数28,000棟(今回6,988棟),想定半壊建物数82,300棟(今回20,154棟),となる。

要するに,大筋で「想定内」におさまっているのである。そして大切なのは,「想定内」であったにもかかわらず対応が決して十分でなかったことは,想像もしなかった事態,つまり,文字通り「想定外」の事態が起きてそうなっているよりも,問題が根深いという点である。なぜなら,今回程度の規模の地震が発生しうること,また,実際にそうだったよりも多くの犠牲者や建物被害を地域防災計画に明記しながら,それに対する対策を「本気で」講じていなかったことが示唆されるからである。

「想定外」が問題視された東日本大震災以降,最悪の事態を示す「大きな数字」を「机の上」で計算し「頭の中」に思い浮かべるだけで満足する傾向が強まっていないだろうか。そうした想定事態に対

して「本気で」備えようとしているだろうか。「本気で」を学術的な表現に直せば,「知と信」のギャップを埋めるということだ。最悪の事態を知っていることから一歩前に踏み出し,それを信じそれにチャレンジする行動を起こさねばならない。

そのための特効薬はないが,「大きな数字」を突き崩していくための「小さな一歩」として,今まで以上にアクションリサーチ(矢守, 2007)が求められることだけはたしかである。アクションリサーチは,現場の当事者と研究者がともにコトをなすことを通して——正確には,もともとの当事者と研究者がともになすコトを通じて形成する包括的な当事者性のもとで——,共同知を生みだすことを目指した実践的な研究活動である。

研究者と当事者(地域住民)とが協力して共同知を生み出すことの重要性は,防災・減災の領域でもすでに実証済である。たとえば,「釜石の奇跡」(海1)を実現した片田敏孝教授(群馬大学)が,この地域に長年関与しつつ住民たちに語っていた言葉は「想定(ハザードマップ)を信じるな」であった。この言葉は,一見すると,知識(想定)の単純な否定や消去に見える。しかし,実際には異なる。想定を「知らない」ことと「信じない」こととの間には大きな落差があるからだ。ある対象を(軽々に)「信じない」ためには,むしろ,人並み以上にそれについて詳しく知っている必要がある。

その意味で,「想定を信じるな」は,想定やそれを提示した研究者やその背後にある専門的な知識に対する単なる否認や否定ではない。もちろん,無反省な受容でもない。そうではなく,このメッセージは,提示された想定について地域住民と研究者が協力してわがこととして詳しく検討し,自家薬籠中のものとせよとの意味である。一見ラディカルな「知」の否定にも映る言葉——「想定を信じるな」——が逆に共同知とそれに対する「信」を誕生させ,それがすばらしい成果を生んだのだ。

地 7 エイプリルフールの地震

 2016年4月1日,三重県沖を震源とする地震が発生した。和歌山県で震度4を観測した。関西に暮らす筆者は,ゆったりと揺れる気持ちの悪い震動を感じた。この地震,その約2週間後に発生した熊本地震の衝撃もあって印象が薄い。

 しかし,この地震は,エイプリルフールの冗談で済ますことはできない一面をもっていた。震源が南海トラフの巨大地震との関連性を疑いたくなる地点だったからだ。「より大きな地震の前ぶれではないのか」,そんな不安をかきたてられた人も少なくなかった。東日本大震災の2日前,2011年3月9日に起きた地震を思い起こした人もいた。実際,政府の地震調査委員会も,当時,両者の関係について「現時点では判断できず,今後さらに精査が必要」との見解を示した。

 さて,エイプリルフールに地震を経験して,冗談が冗談でなくなった有名な出来事を思い出した。ラジオが娯楽の王様だった時代のアメリカでの実話である。1938年10月,ラジオの放送中に,臨時ニュースで始まるラジオドラマが放送された。脚本を書いたのは,後に映画監督や俳優として有名になるオーソン・ウェルズである。

 臨時ニュースはこう伝える。ニューヨークからほど近いグローバーズミル(現実の地名)に,隕石と思われる物体が落下。やがて,火星に異常が見られること,付近で奇妙な生物が目撃されたこと,その生物がニューヨーク方面へ移動していることなどが,現場からの迫真の中継を交えて伝えられる。「みなさん,重大な発表を申し上げます。信じられないことではありますが,科学的観測と実際に現場でみられたところによりますと,ニュージャージー州の農場に着陸しました奇妙な生物は,火星からの侵入軍の先遣隊であると考え

ざるを得ません。グローバーズミルで今夜行われた戦闘は，現代の陸軍がかつて受けたことのない壊滅的な敗北によって終止符が打たれました。」

このラジオドラマを600～900万人が聴取し，少なくとも100万人程度はそれをドラマではなく実際のニュースだと信じて，避難を試みるなどした。後年，この事例を社会学者のキャントリルが分析し，「火星からの侵入：パニックの社会心理学」（キャントリル, 1985）として出版した。同書では，エイプリルフール顔負けの冗談（フィクション）を多くの人が信じ，社会がパニックに陥ってしまったのはなぜかについて分析されている。

しかし，災害情報が出ても避難しない人が多数いる現状を踏まえると（人1），見方を変えれば，この事例には，多くの人を適切な避難行動へと導くためのヒントが詰まっているとも言える。特に，グローバーズミルといった固有名詞を使ったり，現場からのレポートが途切れたりといった演出を巧みに使ってドラマの臨場感を高めていた点は要注目である。

固有名詞については，東日本大震災でも，避難すべき地域や避難場所を具体的に指定して効果を上げた事例（茨城県大洗町など）が報告されている（海12）。また，現場レポートの中断という演出からは，たとえば，防災行政無線などで「直ちに避難してください」といった定型的な言葉を繰り返すよりも，「私たちも今から逃げます」と告げて放送を中断するといった方略を想定することができる。それ以後は，「役場職員もすでに避難済みです。これは録音された音声です」として避難を呼びかけるのだ。

「火星からの侵入」には，いろいろな意味で「嘘から出た実(まこと)」が含まれているようだ。

地 8 1.16と1.17

「Tomorrow 明日」という映画がある。原作は井上光晴の小説である。1945年8月8日の長崎，原子爆弾が投下された8月9日の前日を生きる人びとの日常を描いた映画である。夫のために弁当を届ける妻，召集令状で引き裂かれようとしている恋人たち……悲喜こもごもであっても，そこには明日への希望が託されている。しかし，映画を見る者は，そのすべてが翌日には奪われてしまうことを知っている。

この映画は原爆がもたらした災禍そのものについては，ほとんど何も語らない。しかし，私たちは時に，悲劇的な出来事に関する直接的な描写よりも，それによって奪われたものを目のあたりにした時に，より強い衝撃を受けることがある。災害や戦争そのものに対しては想像力が及ばないとしても，それによって奪われたものが自分たちの日常と何ら変わらないことには，容易に気づくからであろう（人7）。

この映画にも触発されて，筆者は，近年，阪神・淡路大震災の被災者から，1.16やそれ以前についてお話をうかがう取り組み（「Days-Before プロジェクト」）を進めてきた。震災から20年間にわたって，被災者の語り部活動をお手伝いしてきて（地3），ようやく，被災者になる前の被災者，被災地になる前の被災地について，私たちがあまりに知らないことに気づいたからである。被災とは何かを感じとるとは，1.17やそれ以後について知ることだけでなく，いやそれ以上に，1.16やそれ以前について思いを馳せることであろう。災害前後に横たわる断絶こそが被災ということの内実なのだ。

「15, 16と連休になりましたから，娘は，下の従妹と一日中遊

んで、夜もぎりぎりまで遊んで。昨日や今日遊んだ楽しいことをお友だちに話すということで、ニコニコとうれしそうに眠ったんですよね」(Aさん)。

「16日の夜、次男が2階へ上がってきて、お父さん、一緒に風呂行きましょうって。ほな行こかって。そんなこと今まで1回もなかったんやけどな。風呂屋では、いろいろ話したわな。大学の生活とか、卒業したらどないするとか」(Bさん)。

Aさんは、当時小学校5年生の娘さんを亡くされたお母さん、Bさんは、当時大学2年生の息子さんを亡くされたお父さんである。お二人のお話に耳を傾けると、巨大な災害が奪ったものがよくわかる。それは、その時にはむしろ何でもないもの、つまり、日常の平凡な出来事や暮らしであり、そこから見通される「明日」への展望である。

私たちはみな、潜在的には常に災害や事故など破局的な出来事と隣り合わせで生きている。明日がまさにその日かもしれず、今この時こそが、後から「あれが最後だったんだ」と振り返ることになる瞬間かもしれない。

首都直下型地震や南海トラフ巨大地震など、近い将来予想される大災害を見据えて、災害に対する備えについて見直そうという機運が高まっている。それ自体望ましく、また必要なことだ。しかし、この種の話は、ついつい実務的で技術的な話になりがちである。しかし、何のためにそうするのか。1.17だけでなく、むしろ1.16を真摯に見つめ、その原点へと立ち返ることが大切だろう。

[地] 9　コーヒー・山菜・カツオ缶詰

　3つの食品に共通するものは何だと思われるだろうか。台湾，中越，南海というヒントが与えられたらとしたら，どうだろうか。どうやら地震に関係あるらしいと察しがついた方も多いだろう。

　2004年は，災害が大変多い年であった。中でも，同年10月23日に起きた中越地震（天6）は，大規模な地滑りや土砂ダム（堰き止め湖）の光景など，中山間地を襲った地震災害として鮮明に記憶している方も多いと思う。実は，その5年前にも，ある中山間地を地震が襲い大きな被害が出ていた。1999年9月，台湾で発生した集集地震である。

　中越地震から10年目，集集地震から15年目にあたる2014年10月，中越地震の被災地である新潟県長岡市で小さな集会が開催された。集会の名称は，「台湾・中越復興交流会議」。集集地震の被災地からは，地域の風土を活かして地域住民が新しくコーヒービジネスやエコツーリズムを災害復興の柱に据えた事例が報告された。中越の被災地からは，地元のお母さんたちが山の幸の直売所と手作りレストランを作りあげ，「お父さんたちまで元気になった」との話があった。

　2つの事例はとてもよく似ている。キーワードを挙げれば，地元主体，外部支援，地域資源となるだろう。外部から大きな資本や組織が介入するのではなく，地元の人たちが中心になって小規模なビジネスをスタートさせ，それをNPOやボランティアなどが機動的に外部支援している。そして，両者とも，地元の風土，名産品を活かした取り組みとなっている。

　この類似には理由がある。2つの被災地には直接的なつながりがあるのだ。中越地震の被災地は，その5年前に起きた台湾の被災地

に人を送り込んでその経験に学んだ。台湾の被災地によると「私たちは阪神・淡路大震災に学んだ」とのことだから、ここに、阪神・淡路、台湾、中越というインターローカルなつながりを見ることもできる（地3）。

缶詰は、このつながりが、さらに未来へと展開しつつあるという話である。ここで言う缶詰とは、南海トラフの巨大地震で全国最大の34メートルの高さの津波が想定された高知県黒潮町でスタートした事業で、災害時の備蓄品にもなる缶詰を生産する工場を町が建設したのだ。

パッケージに記された「34」のロゴには、津波想定を逆手にとって、「それが何だ、元気な町を作っていくぞ」という意気込みが込められている（図1）。地場の食材（カツオやキノコなど）の使用と雇用創出で、地域社会に対するプラスの効果をねらっているわけだ。

要するに、起きてしまった災害からの復興対策も、今後起こる災害に対する防災・減災対策も、煎じ詰めると、災害復興や防災に関する狭義の「対策」の領域を超えて、地域に暮らす人びとが、いかに生き生きと力強く生活できるのかという問題、つまり、地域づくりの問題に帰着するということだ（地11）。

黒潮町が掲げる「対策ではなく思想を作る」という宣言が、重く響く。

図1　34ブランドの缶詰（黒潮町）

地 10 阿武山アースダイバー

　京都大学防災研究所阿武山地震観測所は，大阪平野を一望できる高槻市郊外の山地にある。この観測所は，85年あまりにわたって，日本の地震観測研究の最前線を走ってきた。筆者らは，今も現役のこの観測所をサイエンスミュージアムとしても活用するプロジェクトを推進してきた（地4）。今回，その一環として，「阿武山アースダイバー」という映像作品を制作した（図1）。

　阿武山はいいとして，アースダイバーとは何か。これは，中沢新一さんのベストセラーの書名からお借りした言葉で，アース（地球）の奥深くへダイブする（潜り込む）ことを意味している。実は，ご縁あって，中沢さんご本人も観測所を訪問され，アースダイバーという用語の使用も快諾下さった。

　阿武山アースダイバーとは，最新の地震研究の成果をもとに，地球内部の様子をそこに潜り込んで観察する試みである。今回の映像では，大阪平野付近の内陸の活断層の地中構造を見ることができるコンピュータ・グラフィックスを制作した。

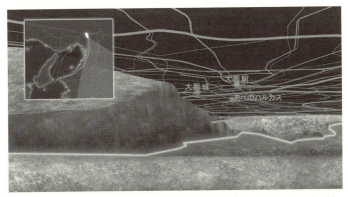

図1　阿武山アースダイバー（上方の黒い地表部を地中内部から見上げている）

10　阿武山アースダイバー

　映像の出発点は，観測所から見下ろした大阪平野の風景。西に六甲山，東に生駒山などが見える。この一見平凡な風景に大事な意味がある。最新の研究成果によると，約100万年前，大阪平野周辺は比較的平らな地形だった。しかし，断層活動のたびに地震が起こり平野を囲む土地は少しずつ盛り上がっていた。仮に100万年の間，千年に1回の地震が1,000回起こり，そのたびに1メートルずつ盛り上がると1,000メートルの山になる計算だ。ちなみに六甲山の高さは932メートル，生駒山は642メートルである。

　重要なことは，現在平野になっている側は，山側とは反対に，地震のたびに沈んだこと。だから，本当なら，大阪平野には深さ1,000メートル級の巨大な窪地があるはず。今それがないのは，山を削った砂などが川とともに運ばれ，窪地を埋めてしまったからと考えられている。

　そこで，平野の上に建設された都市の構造物を取り除き，長年かけてたまった砂，さらに大阪湾の海水も全部取り除くと――。西端を六甲淡路断層帯，北端を有馬高槻断層帯，東端を生駒断層帯，南端を中央構造線によって囲まれた巨大な窪地が姿を見せる。そして，それぞれの活断層は，巨大な崖となって現れている。

　たとえば，淡路島付近の大きな崖は，神戸沖では海面下2,500mくらいの深さがあって，そこから見上げる六甲山は富士山の高さにも匹敵すると推定されている。その崖（断層帯）は有馬高槻断層帯となって，この映像がスタートした阿武山の麓に続いている。

　大事なのは，この地形を作り上げてきた地震活動は現在も続いている点である。阪神・淡路大震災を起こした兵庫県南部地震も，こうした地震の一つだと考えられている。だから，大阪平野の下の隠れた窪地を作ってきた活断層の活動には，今も注意が必要である。

　「阿武山アースダイバー」は阿武山地震観測所で視聴することができる。

地 11 合わせわざ

　鹿肉のジャーキー，簡易ログハウス，ソーラー照明……。アウトドア用品のリストみたいだが，実はちがう。これらは，南海トラフの巨大地震に備える高知県内で，災害対策を念頭に，同時に，ふだんの暮らしにも役立ち地域社会の活性化も進めようと開発された商品群である。

　ジャーキーは，農作物に損害を与えている鹿対策と，地震が誘発する土砂災害によって孤立した中山間地における非常食としての機能をあわせもつ。ログハウスは，豊富な木材資源の有効活用と，被災者に対する早期かつ快適な住まいの確保という一石二鳥を狙っている。ソーラー照明は，ふだんは省エネの推進や防犯対策を担い，緊急時には夜間の避難路の安全確保等に威力を発揮する。

　今，レジリエントな社会の重要性が叫ばれている。レジリエンスとは，危機的な事態を柔軟に乗り切り，スムーズに日常へと戻っていくための力である。つまり，それは，「ふだん」（平常時）と「まさか」（災害時）との落差を最小化しようとする考えのことだ（海4，人13）。「合わせわざ」は，この意味で重要である。災害時にしか役立たないものは，広く受け入れられないし長続きもしない。しかし，これらの商品は日常の暮らしにもプラスになるし，ほかの地域課題の解決にも資する。

　重要性を意識してのことだろう。行政も支援を始めた。たとえば，高知県は，「防災関連製品認定制度」を開始し，黒潮町も，「防災備蓄食料を軸にした食品産業の創出事業」を政策の柱として掲げている（地9）。防災対策の推進と地域産業の振興とを連動させる「合わせわざ」を通して，真にレジリエントな社会づくりが進むことを期待したい。

地 12 緊急地震速報

　社会に定着してきた緊急地震速報。その時，筆者は，新幹線車中にいた。周囲はビジネス客ばかりだった。携帯電話が一斉に異常を報せるのと前後して，急ブレーキがかかり新幹線は停止した。その時，みながとった行動は——電話をかけるだった。いったん不通になると再度接続するのが困難というのが，その理由のようだ。しかし，まさに，この反応が原因（の一つ）となって電話の輻輳・不通は生じている。

　「ともかく電話を」という反応が功罪相半ばするのに対して，こんな事例もある。滋賀県にある幼稚園での事例だ。筆者の手元に，この幼稚園で緊急地震速報を利用して行われた防災訓練の映像がある。例の警報音と同時に，園児たちが，部屋の壁に作りつけられた木製ロッカーに急ぐ。このロッカー，本棚を縦にしたような形状で，子どもなら身体がすっぽり入ってしまう。園児たちの表情は真剣だが，棚の一つ一つに小さな園児たちが一人ずつ収まっている様は，微笑ましい。しかも，棚や壁の強度は専門家がチェック済みだという。

　さらに，後日談がある。園に隣接する小学校が緊急地震速報を使って訓練をした時，その音が園まで聞こえてきた。その時，園児たちは，先生に言われなくても自らロッカーの棚に入ったり園庭で身を守る姿勢をとったりした。「抜き打ち訓練」（海5）にもしっかり対応できたわけで，すばらしいことだ。

　緊急地震速報には依然，時に「空振り」もある。再発防止へ向けた努力を関係機関にお願いしたい。しかし他方で，情報を生かすも殺すも受けとる側の心がけと準備次第と悟って，園児たちにならって利用者の側の準備や工夫も必要があろう（天1）。

地 13 3つの90パーセント

　過去100年，日本の歴史には，「大震災」と名のついた震災が3つある。1923年9月1日の関東大震災，1995年1月17日の阪神・淡路大震災，2011年3月11日の東日本大震災の3つである。死者・行方不明者数は，それぞれ，10万5千人あまり，6千4百人あまり，1万8千人あまりである。

　ここで注目すべきことは，犠牲者の死因である。関東大震災では，火災による死者が約9割を，阪神・淡路大震災では，倒壊した建物や転倒した家具等の下敷きとなった圧迫死（圧死や窒息死など）による死者が約9割を，東日本大震災では，津波による死者が約9割を占める。要するに，3つの災害は，すべて「大震災」と称されているが，犠牲者の死因が大きく異なり，それぞれに異なった顔をもっているのである。

　このことは，「次」に対する備えにも重要な示唆をもたらす。過去に学ぶことはむろん大切だ。しかし，これまでの経緯は，次に「大震災」と呼ばれることになる災害は，これまでの3つの大震災とはまた別の表情をしているかもしれない，少なくともその可能性は十分にありそうだとの推定を誘う。

　ここから先は，そんなことは起きてほしくはないと願いながらの個人的想像の産物である。まず，もっとも現実的と考えられるシナリオとして，上記3つの死因の2ないし3つが大きく関与するような大震災を想定することができる。さらに，原子力発電所の事故に伴う放射能汚染やその他の有害物質の流出・飛散が死因の9割を占める大震災，新幹線等超高速で移動する交通機関の大事故が死因の9割を占める大震災など——。このことに限っては，悪い想像をたくましくしておくことが必要かもしれない。

地 14 物語るモノと物言わぬモノ

　京都市東山区にある六道珍皇寺一帯は，六道の辻，つまり冥界への入口とされている。お寺には，六道の様子を描いた寺宝の「十界観心図」や「地獄絵図」があって，見る者を異次元へと誘ってくれる。加えて，「六道まいり」の期間などには，それらの絵図を前に絵解きを聞かせてくれることもある。六道をめぐるガイドツアーというわけである。

　ところ変わって，神戸市の人と防災未来センター。阪神・淡路大震災後オープンした施設だ。その資料室には，それ自体が雄弁な「物語るモノ」と，少々絵解きが必要な「物言わぬモノ」がある。

　「物語るモノ」はそれ自身が大いに語る。5時46分で停止した時計，地震の衝撃で破壊された什器類，火災で溶けたガラスや硬貨など。これらのモノたちは，その異形のゆえに，それ自身の力で大地震の災禍を私たちに語りかけてくる。

　それに対して，「物言わぬモノ」には説明が必要だ。たとえば，ワープロ，自転車など。これらは，一見何の変哲もないモノだからだ。実は，それらは，地震で息子を亡くした母親が，わずかに残された遺品として地震後手元に置き，「THE17TH」と題した小さな通信文を作成し続けたワープロであり，また，地震発生当時小学生だった兄弟が，仮設住宅で暮らす被災者のために募金活動をしながら日本一周旅行をした時に使われた自転車である。

　「物語」は，まさに「モノ」と「語り」から成る言葉である。前者「物語るモノ」では，モノ資料自らが語るという意味での「物語」に耳を傾ける必要がある。後者「物言わぬモノ」では，モノに関する絵解きの機能を果たす「物語」が資料の真価を知る上でなくてはならぬ役割を果たしている（海15）。

地 15 浅いアウトリーチ／深いアウトリーチ

東日本大震災が地震研究に及ぼした影響の一つが「アウトリーチ」に関わることである．実際，地震学会が 2012 年に編纂した「地震学の今を問う」にもアウトリーチが登場する．

「研究者が研究成果を市民に周知する活動」を意味するアウトリーチ活動は，2 種類に分けることができる．第 1 は，即効性はあるけど，本質的な変化は期待薄な「浅いアウトリーチ」，第 2 は，その逆の「深いアウトリーチ」である．地震の震源に浅深があるのと同様，アウトリーチも浅深双方必要だが，それぞれに特徴はある．

浅いアウトリーチは，サイエンスカフェなど，専門家（玄人）と非専門家（素人）の区分けには手をつけず，玄人が「出血大サービス」で知識・情報を親切にお伝えしますという活動である．もちろん有用な活動だが，玄人の側には「研究が本筋で，こちらは余分」と感じている人も多いし，玄人と素人，また科学と社会との関係に本質的な変化を及ぼすことも少ない．

他方，深いアウトリーチとは，玄人が携わっている活動の一部を，素人が「担う」ことを中核とするアウトリーチである．「地域気象情報」を共同で作成すること（天 11），現役の地震計の保守・点検を小学生や地域住民が「担う」こと（地 5），地震学に関する浅いアウトリーチを市民が「担う」こと（地 4）などが，これにあたる．

こうした取り組みは手間がかかるし，目に見える成果をすぐに見いだすのも困難だ．しかし，中長期的には，玄人と素人の境界線を再編しつつ，玄人そのもの（地震学を支える未来の人材）の芽を育み，玄人の活動に対する素人の社会的な承認・支援の基盤を形づくることができる．

海 [umi]

の巻

海 1 津波てんでんこ

「てんでんこ」の奥深さ

東日本大震災で大きな注目を集めた「津波てんでんこ」（以下，「てんでんこ」）は，三陸地方を中心に伝わる津波防災のための知恵である。この言葉が世間に流布するきっかけをつくった津波研究家山下文男氏（1924年生）によれば（山下，2008），「てんでんこ」は，明治の三陸大津波（1896年，明治29年）を生き抜いた山下氏の父親が，昭和の三陸大津波（1933年，昭和8年）の時にとった行動（子ども，つまり山下氏自身にすら注意を払わず一目散に高台へ避難した）に由来する。そして，その父親も，その祖父からこの言葉について聞かされていたという。よって，「てんでんこ」が，明治の三陸大津波をさらにさかのぼり，少なくとも150年を越える歴史をもつ言葉であることは確実である。

通常，この言葉は，「津波の危険がある時は，親も子も兄弟姉妹もない，ほかの人に構わず，てんでんばらばらに高台に逃げよ」という意味だとされている。しかし，ほんとうにそうだろうか。この言葉は，これだけではなく，少なくとも以下の4つの意味（働き）をあわせもつ複合的で奥の深い知恵ではないだろうか。

第1に，自助の原則の強調。これは上に記した意味で，津波時にはとにかく迅速に避難し，自分の身は自分で守ることが基本だという姿勢である。さもないと，家族みんな，下手をすると集落のほとんどが全滅してしまう危険がある。事実，三陸地方は，何度もそのような悲惨な経験をしてきたのだ。

しかし他方で，それでは自力で避難できない人を見捨てることになるではないかとの反論も当然生じる。この反論に対してすっきりした応答をすることはむずかしいが，少なくとも，「てんでんこ」が，

海 1 津波てんでんこ

図1 「釜石の奇跡」で小学生の手を引いて避難する中学生たち
(写真出典：群馬大学片田敏孝研究室)

「自分さえよければそれでいい」といった単なる自己中心的な考えではないことが,以下に述べる第2,第3の意味からわかる。

「てんでんこ」は,第2に,他者の避難を促進する機能をもっている。東日本大震災でも,岩手県釜石市の中学生が率先避難者としていち早く避難し,その様子を見た隣の小学校の児童や地域の住民も一緒に避難した(図1)。人にとって最大最強の災害情報は,ほかならぬ人自身である。つまり,すでに逃げている人を目撃することは,避難を促す強力な後押しとなる(天1)。「てんでんこ」に従って逃げ始めた人たちは,自分の命だけでなく彼らに続く人たちの命をも救っている。この意味で,「てんでんこ」は,共助のための仕組みでもある。

第3に,「てんでんこ」は,「あなた(たち)だけは助かってほしい」とお互いに強く願っている人たちの間で,逃げることについての相互信頼を事前に醸成しておく役割を担っている。東日本大震災では,避難する前に家族を迎えに行ったり安否を確認したりした人も多く,後の検証作業でも,それが「迅速な避難を妨げる要因」として指摘された。

たとえば，自宅にいる親は「てんでんこ」しようにも，学校にいる子どもたちが確実に「てんでんこ」してくれると信じられないと，自分も避難できない。子どもたちもまったく同様である。だから，親と子の間で，「津波のときは，どこにいても私は『てんでんこ』するし，あなたもそうしてね」という互いの信頼関係を築いておくことが重要である。「てんでんこ」では，各人がそうするだけでは不十分で，大切に思い合う人たち同士が，「セット」（グループ）でそうすることが不可欠である。この点にも，「てんでんこ」が単なる自助原則の強調ではないことがあらわれている。実際，このことは，上掲の山下氏の著作にも表現されている。たとえば，「てんでんこ」には，「『よし，ここは，てんでんにやろう』……（中略）……というように，互いに了解しあい，認めあったうえで『別々に』とか『それぞれに』というニュアンスがある」（山下，2008, p.231）

　最後に，「てんでんこ」は，生き残った人びとが自らを責める気持ち──サバイバーズギルト──を緩和する役割がある。筆者は，阪神・淡路大震災の被災者の語り部（ご遺族）と十数年のおつきあいがある（地3）。この中で，ご遺族が「どうして私（だけ）生き残ってしまったのか」と苦しむ姿を見てきた。また，その気持ちは，震災から何年経とうが，そう簡単に消えないことも目の当たりにしてきた。

　今ここに，別の場所にいた祖母を津波で失った孫がいたとしよう。この孫は，「どうしておばあちゃんを助けてやれなかったんだろう」との感覚に，多かれ少なかれ苛まれることになるだろう。しかし，この二人が常日頃，「津波のときは，『てんでんこ』だね」と言い交わし続けていたとしたらどうだろう。この孫は，祖母から「あなたは逃げてよかったんだよ」と許しをえた気持ちになるだろう。「てんでんこ」は，「いざ」というときの避難指南を超えて，災害後の回復過程にまで影響を及ぼす教えなのである。

「てんでんこ」を支える〈関係性〉

　この祖母と孫のエピソードからわかるように,「てんでんこ」は,もともと,親密な〈関係性〉,つまり,互いに互いを一番大切だと思い合うような〈関係性〉のもとで育まれて,かつ,そうした〈関係性〉の中でこそ役割を果たしてきた。具体的に言えば,「てんでんこ」は,祖母が自分の孫に繰り返し言って聞かせるとき(孫から見れば,言って聞かされるとき),はじめて十全な形で機能する教えだと考えられる。

　したがって,「てんでんこ」を,その前提となる〈関係性〉から引き剥がして,普遍的かつ一般的なメッセージとして,たとえば,「防災マニュアル」や「避難ガイドライン」といった類いの文書に掲載される「教訓・ルール・行動指南」のようなものとして取り出してしまうと,そこから重要な要素が脱落することになる。それが,「てんでんこ,イコール,自助原則の強調」という誤解を生むもとになっている。

　実際,「とても置いて逃げることなんかできない」と思っている老親本人から「私のことはいいから,"てんでんこ"してくれよ」と告げられれば,だれしも悩みこそすれ怒りは感じないだろう。しかし他方で,赤の他人から,「津波のときは親も子もないんです,自分の命を守ることを優先してください」と指導されれば,「他人は黙ってくれ」と不愉快な気分になって当然だろう。〈関係性〉の有無とは,この違いにほかならない。

　上で積み残した「てんでんこ」の原則と自力で避難できない人との折り合いをどうつけるのかという難問についても,それを快刀乱麻に解決する方法などあるはずもなく,〈関係性〉の原点に立ち戻って,個別のケースごとに悩みながら解消していくほかない。

海 2 2つの短歌と巨大想定

あきらめと意気込み

『大津波　来たらば共に死んでやる　今日も息が言う　足萎え吾に』
『この命　落としはせぬと足萎えの　我は行きたり　避難訓練』

図1　2つの短歌

　この2つの短歌はいずれも，近い将来，大津波に襲われると想定された高知県黒潮町に暮らす方が，巨大想定に対するご自身の気持ちを歌ったものだ。ここで言う巨大想定とは，東日本大震災を受けて政府が見直した南海トラフ巨大地震に伴う地震・津波に関する想定（2012年3月公表）で，黒潮町は，全国で最悪の34メートルもの津波高が想定された町である。

　しかし，それにしても，2つの短歌には大きな違いがある。前者には，強大な津波の脅威に対する絶望とあきらめが，後者には，それでもそれに立ち向かっていこうとする意気込みが表現されている。2つの受けとめの間に見られる大きな違いを，どのように理解したらよいだろうか。

自然現象の想定／社会現象の想定

さて，災害の想定を適切に受けとめるために，心しておくべき非常に大切なことがある。それは，想定には，性質がまったく異なる2つの想定が混在しているという事実である。第1の想定は災害（自然現象）に関する想定であり，第2の想定は被害（社会現象）に関する想定である。

このうち，前者については，私たちが想定を知ったことが実際に起こることに影響を及ぼす可能性はない。想定を知った今も，知らなかった数年前も，それとは無関係に南海トラフ付近の地殻運動は粛々と進んでいる。この意味で，第1の想定は，「当たるか当たらないか」，そのどちらかである。

他方で，後者の被害想定については，想定を今私たちが知ったことによって，この先何が起きるかが大きく変わる可能性がある。被害は，自然現象と違って，私たち人間の反応や社会の準備によって変化するからである。「何10メートルもの津波が来るんだって。もうあきらめた，何もしない」。このような反応を示す人が増えれば，最悪の被害想定よりもさらに悪い結末に至る恐れも，むろんある。

逆に，大きな揺れを感じたらすぐ逃げようという意識をもつ人が増えれば，あるいは，家具固定や耐震化の取り組みが進めば，犠牲者数は大幅に減少する。なぜなら，犠牲者の想定数は，たとえば，「東日本大震災では×パーセントの人が揺れの後20分以上避難しなかった」といった多くの前提——しかも，私たちの今からの努力によって変更可能な前提——に基づいて計算されているからだ。

要するに，被害想定については，「当たるか当たらないか」ではなく，人間の側が「変わるか変わらないか」が問われている。被害想定は，一般市民，自治体，専門家を含めた私たち全員の今からの対応次第で，良い方にも悪い方にもいくらでも変わる。被害想定は，悲観的にせよ楽観的にせよ，「そのような未来が待ち受けているの

ですね」と政府や自治体の試算をそのまま受け入れるようなものではない。想定の数字は，私たちの力で，今から変えていくべきターゲットである。

「変わるか，変わらないか」

もうおわかりであろう。冒頭で紹介した 2 つの短歌の違いは，まさに，この意味での「変わるか変わらないか」の分岐点を見事に表現しているのだ。津波想定が人びとを「来たらば共に死んでやる」の方向に向けるのか，「我は行きたり避難訓練」の方向に向けるのかによって，来るべき南海トラフ巨大地震は，まったく別のシナリオを描くであろう。前者のような心持ちの方が大多数を占める中でその日を迎えるのと，後者のような姿勢の方が大勢となった状態でその日を迎えるのとでは，被害の多寡は「桁違い」に変わるはずである（海11）。

図1に示された署名からわかるように，2首の歌，実は，同じ一人の人物の手になるものである。作者は，黒潮町に暮らす秋澤香代子さん。当初，巨大な想定にあきらめの気持ちを隠せなかった秋澤さんだが，周囲の働きかけ，役場の防災・減災への取り組みによって，文字通り「変わった」のである。ご家族の話によると，「前の歌を書いて以降，気持ちに変化があった」とのことで，今は，「今年 82 歳，先は見えて居りますが，命は大切に守って行きます」と力強く語っておられる。2014 年 3 月に起きた伊予灘地震の際も，しっかり避難されたとのことである（海9）。

30万人あまりにのぼるとの想定もある巨大津波による犠牲者であるが，こうした変化が積み重なっていけば確実に減らすことができる。

ミニコラム1　もう一つの短歌

もう一つ別の短歌を紹介しよう。

　　ひとり来て　夜の明けゆくを　じっと待つ　ただうちかえす　波の音

　作者は，橋本環(たまき)さん，高知県四万十町興津地区に暮らす八十歳代の女性である。実は，橋本さんは，筆者らが同地区で手がけてきた「個別避難訓練タイムトライアル」(海6)に挑戦してくれた方でもある。この地区も，南海トラフ地震では，最悪の場合，震度6強以上の揺れに続いて，わずか20分程度で20メートルを超える津波が襲来すると想定されている。そんな厳しい想定を耳にして，橋本さんも当初はあきらめの気持ちを隠せなかった。「津波が来たら，家もわたしも流される……」という言葉を口にしていたこともあった。

　さて，「個別訓練」の当日，地元の小学生が何人か訓練のサポーターとして橋本さんの自宅を訪問していた。その小学生たちに橋本さんがうれしそうに見せていたのが，若い頃から自宅近くの海岸でずっと集め続けてきた美しい貝殻であった。貝殻は，さらに貝殻アートとしても作品化されてきた（図1）。何でも，特に美しい貝殻（サクラ貝など）は，まだだれもやってこない早朝の砂浜でよく採れるのだそうだ。短歌は，そのときの情景を歌ったものである。

図1　橋本環さんが拾い集めた貝殻で作った貝殻アート

　貝殻を採集する砂浜は，もちろん，そこから津波がやってくる海岸でもある。橋本さんは，貝殻アートを楽しげに小学生に披露した後，不自由な足を引きずりながらも，「個別訓練」に参加してくれた。そして，その後，町の避難訓練に時折顔を出してくれるようになった。

　自然がもたらす恵みと災いの双方をしっかりと見つめる——言葉で書くのはたやすいが，現場ではギリギリの挑戦と模索が続いている。

海 3 カウントダウン／カウントアップ

避難行動シミュレーション

　南海トラフの巨大地震・津波。政府の最新想定によれば，マグニチュード8〜9クラスの地震の発生確率は，向こう30年間で70パーセント程度とされる。「その時」までのカウントダウンは，今も着実に進んでいる。

　筆者らは，大きな被害が想定される地域の一つ高知県黒潮町万行集落で地域の津波防災活動のお手伝いをしている（図1）。南海トラフ地震が最悪想定に近い形で発生した場合，この集落は，震度7の激震に見舞われ，かつ，その後わずか20分あまりで津波が押し寄せる。浸水深は最大で10メートルを超えると予想されている。

　対策の柱は，集落の住民を対象とした徹底した個別調査（全世帯アンケート）に基づく避難シミュレーションと，高精度の津波浸水シミュレーションである。まず，アンケート調査によって，だれがどこを通ってどこにどのような方法で避難しようとしているのかについて細かく把握した。具体的には，この調査では，同集落を構成する全251世帯（長期不在者を除く）を，数週間かけて研究室の学

図1　高知県黒潮町万行地区（避難タワーから遠方の高台を見る）

図2 万行地区の避難シミュレーション

生(中居楓子さん)が訪問した。そして,家族構成,お住まいの状態(耐震性など),想定している避難先,ルート,手段,同伴者,助け助けられ関係など,重要な要因をすべて調査した。

その上で,避難行動シミュレーションを行い,その結果をコンピュータ・グラフィックス(動画)として可視化する。他方,津波浸水シミュレーションを通して,地震から何分何秒後にどの地点まで津波がやって来る可能性があるのかについて検証し,その動画を先の動画に重ね合わせる(図2)(畑山・中居・矢守, 2014)。

以上の調査や避難シミュレーション結果を,地域住民とともに繰り返し勉強会を開催して共有し,集落の津波避難に対する意識と知識を高めようと努力してきた(図3)。

図3 筆者らが繰り返し開催してきた「万行地区防災勉強会」のチラシ

高台か避難タワーか

この結果,多くの課題とそれに対す

る解決策が見え始めている。たとえば，より安全だが自宅から遠い山（高台）まで避難しようとして，途中で津波に追いつかれると予想されるケースが多々あることがわかった。津波に対しては確実に安全で，かつ学校施設など居住性のよい避難所もあるが，集落からの距離が長い山（高台）という選択肢と，集落内にあって短時間で避難可能だが，雨風をしのぐこともできず，また，地震動や液状化，そして浮遊物の衝突などの心配もある避難タワーという選択肢。万行地区の住民は，この2つの選択肢の間のジレンマに悩まされているのだ。

そこで浮上したのが方向転換策（避難先変更策）である。詳細に分析すると，高台へと至る経路上のあるポイント（場所）を地震発生から10分以内で通過できないなら，高台への避難はあきらめ，集落内にある避難タワーに逃げた方が安全率ははるかに高まるといったことがわかってきた。上記の通り，安全性だけを考えれば，言うまでもなく高台の方が望ましいが，場合によっては次善の策，あるいは最後の拠りどころとしての避難タワーに避難先を変更しようというわけである（天5）。ちなみに，似たような地形的条件下にある地域はほかにも多々あるので，同じジレンマに悩む住民の方々は全国的にも数多い。

「地震から15分経過！」

しかし，激震の直後に，地震発生からの経過時間を冷静に把握できる人は少ない。そこで，次に提案したのが，たとえば「地震発生から15分経過！」とカウントアップするアイデアである。これまで万行集落で実施した訓練（試行）では，防災行政無線で経過時間を呼びかけてもらったり，道路情報の電光ディスプレイを製作しているメーカーに協力いただき，地震発生後自動的に経過時間を表示できるディスプレイを先述の避難先変更のポイントとなる場所に置

いたりした（図4）。

　同じ考えを，別の形で生かすこともできる。緊急時のテレビやラジオ放送である。具体的には，「大津波警報が出ました，今すぐ高台へ逃げてください」といった定型句をいたずらに反復するだけよりは，地震発生からの経過時間を，時々（理想的には5分おきなど一定間隔で）放送することが有効ではないだろうか。

　その理由は，上で紹介したケースだけでなく，大阪湾の奥に位置する大阪市や神戸市といった都市部など，津波到達までの余裕時間がより長い地域でも（想定南海トラフ地震の場合），家具等の下敷きになってしまった方々の救出作業を，どの時点までならば安全に続けられるのかといった観点で，カウントアップ情報は非常に重要だからだ。

　大地震直後の経過時間のカウントアップ。小さなアイデアだが，こうした避難行動のリアルを見据えた具体的な対策を，その時がやって来るまでのカウントダウンの中で積み重ねていくほかない。

図4　地震発生からの経過時間を表示するディスプレイ（"8分経過"の文字が見える）

海 4 あの日の避難訓練

もう一つの奇跡

　岩手県北部の三陸沿岸に位置する九戸郡野田村は，東日本大震災で大きな津波被害を受けた地域の一つである。野田村には，地震発生から約45分後，高さ15メートルを超える津波が押し寄せ，37人が亡くなり（うち村民は28人），全半壊家屋450戸以上を数えた。

　海岸から約500メートル，海抜数メートルの低地に位置していた野田村保育所も，2階建ての建物が基礎を残して跡形もなく流失するという被害を受けた（図1）。しかし，そのようなきびしい状況のなか，この保育所では，100人以上の園児と職員が全員無事に保育所から500メートル以上離れた高台への避難を完了した。犠牲者は幸い一人もいなかった（図2）。

　0歳児は，その全員を職員がおんぶして避難した。1，2歳児は，あらかじめ準備していた「避難車」（リアカー）に載せて，職員がそれを引いた。3歳児以上は職員とともに自分で歩いて避難した。高

図1　東日本大震災の津波で被害を受けた野田村保育所（筆者撮影）

図2 野田村保育所の位置と避難の方向
（右下の丸印の建物が村役場）

台の避難場所へたどりついた直後，巨大な津波が防潮堤に衝突する大音響を職員たちは聞いたという。「全員無事であったことだけでなく，子どもたちに津波を見せずに済んだことがうれしい」という職員の言葉が，筆者には大変印象的であった。

0歳児を含む100名以上の人びとが無事避難できたこと自体，東日本大震災で著名となった「釜石の奇跡」（海1）にも匹敵する奇跡的なことであるが，さらに驚くべきことがある。それは，この保育所が，まさにあの3月11日，午後3時から避難訓練を予定していたという事実である。つまり，野田村保育所は，奇跡的にも，ちょうど避難訓練の準備をしている最中の午後2時46分頃，大きな揺れに見舞われたのである。

「訓練がない日ならば，3時まで子どもたちは昼寝をしていました。でも，その日は，訓練の準備のため，2時半頃から子どもたちを起こして着替えなどをさせていました。そこに地震が起こりました」。被災は，もちろん不幸なことである。しかし，この保育所では，考えられる中でもっとも幸運なタイミングで，つまり，まさに避難

（訓練）しようとしていたその時に地震が起きたわけである。

努力が呼び込んだ幸運

しかし、ただ座して待っていたら幸運が舞い込んできたわけではない。ここが肝心である。むしろ、この保育所がふだんから取り組んでいた多くの準備が奇跡的な幸運を呼び込んだと考える必要がある。まず、多くの読者は、野田村保育所には、「365分の1」の奇跡が起こったと考えているだろう。つまり、年1回の避難訓練と地震発生の日が偶然一致したと思われているだろう。しかし、実際には異なる。この保育所では、地震、津波、火災など、想定する災害の種類はその都度異なるものの、月1回避難訓練を反復していた。しかも、おやつを食べている時、昼寝の最中、親子の園庭開放をしている時など、さまざまな状況を想定して訓練を繰り返していた。だから、あえて確率を言うなら「30分の1」だったことになる。

次に、この保育所では、月1回の避難訓練だけでなく、日頃の「早足散歩」（行きは早足、帰りはゆっくり歩く）で、避難予定場所までの経路や所要時間を地道に探っていた。「早足散歩」という平素の活動を通して、子どもたちがどのくらいのスピードで避難できるのか、それまで考えたものとは別の避難ルートはないのか、天候や季節によって避難経路のコンディションはどう異なるのか（たとえば、雨天時のぬかるみ、冬季の凍結や積雪、夏季の雑草など）をチェックしていたのだ。

こうした入念な下準備によって、避難経路の途中にあるTさん宅の畑を横切れば、高台の避難場所へより早く到達できることがわかり、いざという時にはそこを使うことについてTさんから事前了解を得ていた。そして、3月11日も、避難車の車輪を地面にとられながらも、そのルートを有効活用した。

最後に、保育所は単独の避難訓練だけでなく、村全体の訓練にも

積極的に参加していた。保育所は男手が不足しがちである。その短所を補おうと，ちょうど避難場所への経路近くに位置する村役場（図2の右下の丸印をつけた建物）からも，役場職員が避難の支援にあたる手筈を訓練を通して整えていた。そして，この点もその通りに事が運んだ。

「生活防災」

以上から直ちにわかることは，奇跡的な幸運のほとんどが，避難訓練をはじめとする事前の準備，とりわけ，ふだんの生活の中に由来しているということである。特に，2つのポイントを強調しておこう。

第1に，ふだんの日課がそのまま防災対策ともなっている「早足散歩」のエピソードは，防災対策を単独で取りだして進めようとするのではなく，たとえば，交通安全，健康づくり，通常の教科学習といった事がらと連携して推進する必要があることを示している。筆者は，このような「ふだん」と「まさか」の接点づくり（地11，人13），言いかえれば，日常生活に組み込まれた防災の大切さを「生活防災」と呼んできた（詳しくは，矢守（2011）を参照）。

第2に，具体的な目的意識や解決すべき課題をはっきりさせた上で，避難訓練を含む防災対策を進めている点が印象的である。「毎年することになっているから」「滞りなく終わればそれでいい」というのではない。避難場所までの所要時間，緊急時に支援してくれる人手の確保など，明確な目的意識のもとに訓練が進められている。

海からわずかな距離にある施設で子どもたちを預かる先生方の強い意志，すなわち，子どもたち，そして自分たちの命は絶対に守る――そんな強い気持ちに裏打ちされた避難訓練が，奇跡的な成果を生んだわけである。

海 5 思わぬときに，思わぬところで

すべてが〈予定通り〉

　避難訓練は防災・減災のイロハだが，それだけに，かえって真剣さに欠けていたり，マンネリに陥ったりしている場合も多い。訓練が形骸化してしまう原因の一つは，〈予定通り〉に訓練が行われる点にある。「×月×日，×時間目が始まって5分後にサイレンがなりますから，児童のみなさんは担任の先生の指示に従って，教室から運動場に避難しましょう」。

　これだけ，すべてが〈予定通り〉に決まっていたら，大人も子どもも予定にないことをする方がむずかしい。こうして，絶対に失敗しない代わりに，現状に潜む落とし穴に気づくことも，それを解消するためのヒントも得られない避難訓練が完成する。

　しかし，実際の災害は，多くの場合，〈予定通り〉には起きない。災害は「思わぬときに，思わぬところ」で私たちを襲い，そこに思わぬ被害が生じる余地がある。隠れた課題をあぶり出し，それをベースに現状を改善することに資するような避難訓練を行うことはできないだろうか。

　ここでは，筆者が関わりをもっている高知県四万十町興津小学校で実際に行われている避難訓練からいくつか紹介しよう。この小学校は海辺に位置していて，南海トラフの巨大地震が発生すると，最悪の場合，地震発生から15〜20分程度で20メートル級の津波が襲うかもしれないと想定されている。そのため，〈予定通り〉の訓練も繰り返し行ってきたが，なおまだ不十分かもしれないという思いから，ここで紹介する訓練が実施されている。

訓練の反作用

　最初は，抜き打ち訓練である。その訓練は，学校の休み時間に，突如，地震発生と津波の危険を知らせる校内放送が入る形で行われた。校長先生のお話によれば，交通安全確保のため，地域の派出所にだけは連絡していたという。訓練後，校長先生は，こう話していた。「反省点が多かったです。学校というところは常に先生の指示のもとで動いています。そうした指示がない時の子どもの行動は，まだまだでした」。

　反省の具体的内容が，筆者には非常に興味深かった。たとえば，この学校に校門は複数あるが，ふだんの訓練で使っている校門から避難する子どもを見て，他から出る方が避難場所によほど近道なのに，それに続く子どもたちが現れた。また，すでに走っている子どもたちの多くがヘルメットをかぶっているのを見て，ヘルメットを教室に取りに戻ろうとする子どもがいた。その理由も大事である。「どうしてそんなことをしたのか？」と尋ねると，「ヘルメットしてないと，先生に叱られると思った」と答えたという（図1）。

図1　ヘルメットをかぶって高台に避難した子どもたち

ポイントは,〈予定通り〉の訓練ではできていたことが抜き打ち訓練ではできなかったということでは・な・い・。それだけなら,これまでも指摘されていたことである。そうではなく,〈予定通り〉の訓練で培われたことが,むしろマイナスの作用を及ぼしている可能性すらある点が大切である。〈予定通り〉の手順で〈予定通り〉の経路で校外に出る訓練の繰り返しが,子どもたちから柔軟な対応力を奪っていた可能性がある。こういう反省を校長先生はなさっているわけだ。ちなみに,この小学校ではヘルメットは教室に置いてあるので,教室からの避難であればヘルメットを持って避難するのは別段悪いことではない。

　また,〈予定通り〉の世界では,子どもたちは先生の顔色をうかがい,先生の顔色をうかがっているほかの子どもたちの顔色をうかがうことができる。しかし,いつもそうできるとは限らない。命を守るための判断力や対応力を本当の意味で子どもたちに身につけてもらうためには,訓練は,むしろ〈予定通り〉に進まないことが大切だろう。今回「先生に叱られる」と思った子どもは,当初の心配とは別の意味で,つまり,「どうしてヘルメットを取りに戻ったんだ」と叱られてしまったそうだが,この経験は,その子どもにも叱った先生にも大切なものになったはずだ。

想定外の行動

　次は,登校時訓練である。こちらは完全な抜き打ちではなかった。つまり,その日の朝,その訓練が行われることは,児童のほか,先生方にも保護者にも前もって知らされていた。しかし,どのタイミングで訓練が開始されるかまでは通知されていなかった。だから,何人かの子どもは到着済の学校から,何人かは通学途上の路上から,そして何人かは自宅から,津波から逃れるべく避難を開始することになった。この地区には津波に備えて複数の避難場所(高台,避難

タワーなど）があるため，この訓練では，避難のスタート地点も，ゴール地点も子どもによって異なるという事態となった。

印象的だった事例を一つ紹介しよう。これは，ある男子児童のケースである。この日の訓練では，全児童にあらかじめGPS発信器を身に付けてもらっていた。これによって，事後，どの子どもがどこで避難訓練開始のサイレンを聞き，どの経路をたどって何分後にどの避難場所にたどり着いたのかを後から電子地図上で見ることができた。

その児童は，通学路上から高台の避難場所まで避難していた。最悪の津波想定でも十分間に合うスピードであった。それはよかったのだが，その経路を確認するとマップ上の道路から大きく外れている。最初は，機器の不具合による計測ミスかと思ったが，そうではなかった。本人に確かめてみると，避難場所に至る坂道の法面をよじ登っていたことがわかった。そのため，彼は通常より随分と短時間で避難を完了していた。

振り返りの会で，筆者はこうコメントさせてもらった。「先生方や保護者の方の管理下にないときにも災害は発生します。そのとき，子どもたちがどんな行動をとるのか。今回の訓練はそのことを実感できるよい機会になりました。特に，××くんは，創意工夫で，これまでの訓練よりもずっと早く避難する方法があることを発見してくれました。ただし，実際の災害時には，今回よじ登ったところでがけくずれが起きているかもしれません。滑り落ちる危険もあります。そういう可能性も知っておきましょう」。

海 6 個別避難訓練タイムトライアル

　東日本大震災の映像を目にした人ならだれでも，津波対策の基本は，津波が及ばない高台や丈夫な建物の高層階への避難であることを理解するだろう。その意味で，津波避難の原理・原則は単純で，津波が襲来する前にそうした場所に身を置くことができれば，命だけは確実に守ることができる。

　しかし，事はそう簡単には運ばない。たとえば，南海トラフ巨大地震の場合，太平洋沿岸の一部地域では，最悪のケースで，わずか数分程度で津波が押し寄せると想定されている。真夜中で熟睡していても，お風呂に入っていても，大地震発生から数分後には高台や高層階にいてくださいと言われては，防災意識や危機感が高まるというより，あきらめの声が出ても無理からぬところだ（海 2）。

　こんな声を踏まえて，筆者らは高知県四万十町興津地区で，「個別避難訓練タイムトライアル」と呼ぶ活動を始めた。避難訓練は大人数で実施することが多いが，この訓練は個人または家族で行う。訓練者は，自宅の居間などから避難場所まで，所要時間を計りながら実際に逃げてみる。その一部始終を地元の小学生や私たちがビデオカメラで撮影する。訓練者は GPS 装置を持っていて，何分後にどこにいたかが後から電子地図上に表示される。

　以上の結果を，「動画カルテ」と呼ぶ映像にまとめる（図 1）。動画カルテには，上述のカメラ映像や地図が映しだされており，地図には津波浸水シミュレーションの映像が訓練者の動きと重なって表示される。だから，たとえば，「ここまで逃げたとき，自宅にはすでに津波が押し寄せてきている，間一髪だった」といったことが一目瞭然でわかる。

　すでに 200 人近くの「動画カルテ」ができあがった。うれしかっ

図1 「動画カルテ」のサンプル画像

たのは,ある高齢者のケースである。この方は,「外出は薬をもらいに行く時くらい」だったので,実際歩くのが辛そうであった。しかし,この訓練をきっかけにして散歩などに出かけるようになり,歩くスピードも目に見えて速くなった(ミニコラム1)。また,この方以外にも,「もう一度時間を計ってみる」と再挑戦してくれた方や,「あんたもやってみい」と周囲に勧めてくれた方もいる。

「個別避難訓練タイムトライアル」を実施してみて,こうした方が増えることが津波避難対策の第一歩だと感じた。そもそも,自分で歩けることは,津波の話は脇に置いたとしてもすばらしいことだ。津波のためだけに何かをしろと言われては億劫な人でも,健康のためにもなると説得されれば少しは気が楽になるだろう(人13)。

しっかり歩けるだけの体力を保つこと——業界用語を使って言いかえれば,災害時要支援者の数を減らすこと——は,もちろんその人の命を守ってくれる。加えて,その人が逃げ遅れた場合に助けに行くだろう人(たち)の命をも救うことにもなる。

津波対策には,避難タワーなどの施設整備や情報システムも大切だ。しかし,一人ひとりがしっかり歩く(歩ける)ことも,単純素朴なことではあるが,それに勝るとも劣らない効果的な津波対策である。

海 7 「逃げトレ」

　前項（海6）で紹介した「個別避難訓練タイムトライアル」。幸い，大方の好評を得たが，実施に手間がかかるという難点があった。そこで，筆者らは，この仕組みをベースに，同様のことがスマートフォンで手軽に実行可能なアプリを開発した（※）。それが「逃げトレ」である（図1）。

　「逃げトレ」では，スマホのGPS機能を利用して訓練者の現在地と移動経路を画面上に表示する。かつ，避難開始と同時に，刻々の津波浸水状況があらかじめ計算された津波浸水シミュレーションに基づいて同時に画面に示される。あわせて，画面の基本カラーの変化や音声によって，津波の切迫度を訓練者に伝えることができる。たとえば，安全な場所なら緑色だが，その場所にとどまっていると15分以内で津波がやってくる場合にはオレンジ色，5分以内なら赤色といった具合だ。

　もちろん，訓練後には，避難の成否を評価でき，しかも成功した場合でも，どの程度時間的余裕があったのか，どの時点（場所）でもっとも切迫した状況になっていたかなど，詳しいフィードバックがなされる。

　なお，基本的な画面遷移は，

図1　「逃げトレ」の画面サンプル

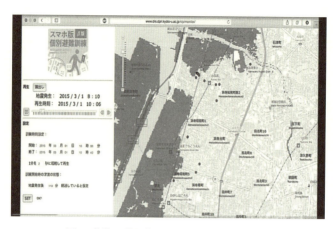

図2　複数の「逃げトレ」の結果を集約した映像

〈スプラッシュ→アプリについて（使用上の注意・許諾等）→基本設定（年齢・性別等の入力および地震発生から避難開始までに要する時間の入力）→ TOP →訓練前の確認（避難場所や避難指定ビルなどの位置表示）→実際の訓練→訓練結果（「訓練アルバム」として各回の結果を保存可能）〉という形となる。

　一人でも手軽に訓練できることが「逃げトレ」の特徴だが，その記録をデータサーバに蓄積することもできるので，複数の人たちが避難する状況を映像化することも可能である（図2）。そして，この結果は，避難場所（たとえば，立地の適否），避難経路（たとえば，他の経路の可能性）の検討に活かすことも可能である。「逃げトレ」は，ソフト（避難訓練）とハード（避難施設）とを有機的に連携させた津波避難対策を進めるためのツールともなる。

※開発にあたっては，総合科学技術・イノベーション会議のSIP（戦略的イノベーション創造プログラム）「レジリエントな防災・減災機能の強化」（管理法人：JST）の支援を得た。

海 8 逃げ出す学校／逃げ込む学校

　2014年10月，文部科学省が「公立学校施設における津波対策状況調査」の結果を公表した。これによると，大規模な津波で校舎などへの浸水被害が想定される公立学校や幼稚園が全国で2,860校園あり，うち4割近くの1,066校園で施設面の対策がとられておらず「検討中」となっている。

　実際，大きな津波想定が提示された地域に行ってまず感じることは，「逃げ込む」場所たりえていない学校が多数存在するというきびしい現実である。施設の耐震性や高さが予想される地震や津波に対して十分でないために，そこは「逃げ込む」どころか，直ちに「逃げ出す」ことが必要な場所になってしまっているのだ（図1）。

　災害時，多くの学校が避難所としても機能しているため，私たちは「逃げ込む」ところとしての学校をイメージしがちである。しかし，現実には正反対の状況に置かれている学校も多数ある。今回の調査は，そのことをあらためて確認する形となった。

図1　「逃げ出す」学校（手前の電柱に"海抜6.5メートル"と記された表示がある）
（四万十町興津小学校）

もちろん，抜本的対策としての高台移転，さらには，校舎屋上への避難階段や周辺の高台への避難路の整備，建て替えを伴う高層化など，施設面での対策も重要である。しかし，今すぐにはそれが実現できない場合もある。いたずらに悲観することなく，ソフト面での工夫など，できることから一歩一歩対策を進めていくことも大切だ。

　その際，想定される津波浸水深，津波襲来までの余裕時間，近隣の避難場所やそこへと至る経路の安全性など，個別の事情をしっかり分析することが重要である。浸水域内にあって「逃げ出す」ほかないと考えられる学校と，想定浸水域外にあるか，または域内にあるものの施設条件（耐震性や建物の高さなど）を考えた時，「逃げ込む」場所にすべき学校とでは，なすべき対策が大きく異なる。上記の調査結果は，あくまでも全体的状況をラフにとらえたものと理解すべきである。

　「逃げ出す」ことが必要な学校では，「助かる教育」，つまり，避難訓練など，自分の身を守るための学習や教育が主軸にならざるをえない。しかし，「逃げ込む」場としての学校では，「助ける教育」も重要だ。ここで，「助ける教育」とは，たとえば，学校で避難生活をおくる地域住民を子どもたちがサポートすることを促すための教育である。実際，近年の災害では，援助物資の受け入れや配布，トイレ等の清掃，情報掲示板の管理など，多くの場面で子どもたちが活躍したことが報告されている。

　他方，「逃げ出す」必要がある学校でも，「助ける教育」が重要になるケースもある。たとえば，著名な「釜石の奇跡」では，「率先避難者たれ」と指導を受けていた中学生たちは自ら「逃げ出し」つつ，同時に，小学生の手を引き近所の人に避難を呼びかけた（海1）。率先避難者は，「助かる」ことと「助ける」こととは常に矛盾するわけではなく，両者が共存する場合があることを物語っている。

海 9 自動車避難

　「ついに来たか！」——その地震に襲われた時，多くの人がついに南海トラフ巨大地震が起こったと感じたそうだ。その地震とは，2014年3月14日，深夜午前2時過ぎに起こった伊予灘地震である。幸い，大きな被害はなかったが，中国，四国地方を中心に広い範囲で大きな揺れ（最大で震度5強）を観測した。この後，筆者は，それ以前からなじみのある2つの地域——高知県四万十町興津地区（海5, 6, 10など），同黒潮町万行地区（海3）——で，当時の避難行動について調査を実施した（孫・中居・矢守・畑山, 2014）。

　まず評価すべきことは，両地区の合計で全体の28％もの人が高台等へ避難した点である（海1）。着替えなど何らかの避難準備を行った人まで含めると全体の78％に達した。今回，揺れが激烈ではなかったこと，真夜中であったこと，および，地震後わずか4分後には「津波の心配なし」の情報が提供されたことを考慮すれば，この避難率はかなり高いと言えよう。「揺れたらすぐ逃げる」という意識は相当程度浸透してきたようである。

　他方で，反省すべき点もある。多くが自動車を利用していたのだ。両地区で，筆者らは，この地震以前に津波避難に関する意識調査を実施していた。それによれば，興津地区は約8割が「徒歩」，約1割が「車」と回答，万行地区も6割が「徒歩」，2割が「車」と回答していた。しかし，実際には，興津地区では，避難者数十人のうち1人をのぞく全員が車で避難していた。また万行地区は，避難者の7割以上が車で避難していた。両地区とも，事前の意向調査と実際の行動とでは，徒歩と車の割合がほぼ逆転していたのである。

　国は，渋滞や事故の危険性を考慮して，「原則徒歩避難」を避難計画の前提として，そのようにPRもしている。だから，「社会的に望

ましい方向」で回答が出やすい事前調査では,「本音」が隠される形で徒歩避難が大勢を占めたのだろう。しかし,いざ地震が起こってみると,多くの人が車を利用したのだ。

　地方では,車は「一家に一台」ではなく「一人に一台」の身近な乗り物だ。それ自体が貴重な家財道具（財産）でもある。高齢者,障がい者など,車を利用しないととても逃げ切れないと考えざるをえない方々もいる。加えて,夜露をしのぎ,プライバシーも確保できる（地1）。いくつものメリットが車にあるために,いざという時,ついついそれに頼ってしまう。

　もちろん,車避難には危険が伴う。伊予灘地震の際にも,「避難開始後5分で渋滞となった」,「目標にしていた避難場所周辺が渋滞していたので別の避難場所に向かった」——こういった声があがっている。今回は電柱の転倒などによる道路閉塞がなく,条件がよかったにもかかわらず渋滞は発生した。

　残念ながら,車避難の問題を一刀両断できる絶対確実な正解はない。両地区でも,その後,筆者らも加わって,住民から「本音の避難意向」をくみ取りながら車両避難訓練を行うなど,車避難について個別具体的に検討する作業が続いている（図1）。

図1　続々と高台に到着する車（高知県黒潮町での車両避難訓練の様子）

海 10 夜間避難訓練

　その夜間訓練は，2014年12月に実施された。舞台は，本書でおなじみの高知県四万十町興津地区である。興津地区は，仮に南海トラフの巨大地震が発生すると，最悪の場合，20メートルを超える津波が最短で15〜20分程度で押し寄せるとされている地域である。

　まずはじめに，夜間訓練がスムーズに実施されたわけではないことを明記しておこう。この地区では，それまで，繰り返し昼間の避難訓練が実施されてきた。地域の住民組織や町役場が，その経験と蓄積の上に立って安全性などにも細かな配慮をすることで，ようやく本格的な夜間訓練が実現したのである。

　その日の訓練には，地区の住民の3分の1にあたる約300名もの方が参加した。筆者自身も参加した。手押し車（シルバーカー）を利用して歩く，ある高齢の女性に付き添いながらの避難であった。寒いから防寒具を着る，靴を履く，手押し車と懐中電灯を準備する……地震による停電までは再現できなかったので，家の灯りはついているのだが，それでも，まず自宅を出るまでに相当の時間がかかる。

　路上に出る。人口千人を切る小さな集落である。散在する家々の電灯は灯っていても，ほぼ真っ暗である。この地区には，太陽光や風力で蓄えた電気で点灯する避難誘導灯が多数設置されている。しかし，これらは避難場所への方向を示す機能としては十分だが，光力としてはそれほどでもない。だから，暗い。夜だから暗いのは当然だが，あらためてそう実感する。

　そして，暗いと具体的に何が起きるのかを体感できるのが，実際に訓練してみることの意義だ。たとえば，昼間なら無意識のうちに避けていた小石や，側溝の蓋にあいた小さな持ち手穴に，手押し車

の車輪をとられて女性が立ち往生する場面が数回あった。転倒してケガでもしたら，この女性の体力と津波までの猶予時間を考えると，それが致命傷となるかもしれない。

結局，この女性は30分近くを要して，近くの高台まで避難することができた。これは，その日訓練に参加した人の中でもっとも長い時間であった。ただし，後日，「個別避難訓練タイムトライアル」のシステムを使って（海6），この女性の動き（GPS発信器をつけて避難してもらっている）と津波浸水シミュレーションとを重ねてみると，訓練通りに避難できれば，何とか津波から逃げ切れていることもわかった。

避難途上の坂道で，何人かの近隣住民が女性と筆者を追い越していった。その際，「おばあちゃん，がんばって，もう少しやき」と声をかけてくれた。こうした言葉が，女性には大きな支えになっていることが筆者にもよくわかった。この地区の訓練は，各人のタイムトライアル（所要時間計測）を兼ねているので，この日は声かけだけだったが，実際の津波来襲時には，この方々は，もちろんおばあちゃんの手を引いて逃げてくれるだろう。

その後，この地区では，小学生たちによる夜間の防災探検と，その成果をベースにした夜の防災マップづくりも始まった。図1の地図は，夜の様子を表現した黒いセロファンで覆われているが，それを外すと昼の様子が現れるように工夫されている。1日24時間の約半分を占める夜間の避難対策も少しずつ進んでいる。

図1 夜の防災防災マップ（高知県四万十町興津小学校）

海 11 倍半分と桁違い

　昔から，津波高想定の精度は「倍半分」と言われてきた。たとえば想定に3メートルとあっても，半分の1.5メートルから倍の6メートルくらいまで，幅をもって備えておくべきという意味である。そして，私たちは，このことを東日本大震災で実感したのであった。

　今，南海トラフの巨大地震に伴う津波の想定に注目が集まっている。2012年に公表された政府想定に続いて，府県レベルの想定も相次いで公表されている。たとえば，2013年，大阪府が府下の被害想定を公表した。場合によっては，大阪府だけで約13万4,000人が犠牲となり，その99％は津波によるものとされた。これは，先に政府が公表した数値9,800人の約13倍であった。他方で，火災による全焼家屋数は，同じ条件での比較で，府想定では約6万棟，政府想定では約26万棟と，こちらは府想定の方が一桁少なかった。

　2つの想定の間には，「倍半分」どころか「桁違い」の差がある。しかし，「どちらが正しいのか」と議論するのは生産的ではない。むしろ，こう考えるべきである。被害の大きさ（社会現象の想定）は，発災前の準備や発災時の行動によって，良い方向にも悪い方向にも非常に大きく変わる。それが，「倍半分」ならぬ「桁違い」の差を生むのだと（海2）。

　たとえば，府の報告書は，全員が地震発生から5分で避難すれば，津波犠牲者の94％はなくせると予想している。逆に，政府想定よりも小さかった火災被害は，耐震化が遅遅として進まず住民の初期消火能力が低迷するなどすれば，予想以上に拡大するかもしれない。

　自然現象の想定には「倍半分」がつきまとい，他方で社会現象の想定については，それを「桁違い」の勢いで改善することが私たちに求められている。

海 12 固有名詞という災害情報

　よく知られた固有名詞には独特の情報力がある。たとえば,「大阪」の一言だけで,町のサイズから関西気質まで,一気に多くのことを伝えることができる。この性質は災害情報にも活用しうる。たとえば,賛否両論あったが,「東日本大震災を思い出してください」や「2000年の東海豪雨に匹敵する大雨」がそうである。「最大何メートルだ」「時間雨量何ミリだ」といった解説をすっ飛ばして,目下の危険,特にそのサイズ感が端的に伝わる。

　同じ理屈は将来予想される災害の名称にもあてはまる。すなわち,想定されている災害の名称を,単純明快であるがゆえに大きなパワーを備えた第一級の災害情報として活用するのだ。たとえば,「南海トラフの(巨大)地震」は,今や津々浦々まで知れわたっている。これを利用しない手はない。

　さて,「地震→津波→避難」,この公式を知らない人は今日ほとんどいない。だから,避難しないのは公式を知らないからではなく,今まさに感じたこの揺れが公式を本気で発動させるべきものかどうか,その判断がつかないからである。逆に言えば,この判断スイッチをONにできれば,避難は実現する。実際,伊予灘地震(海9)では,「ついに来たか」という思いが,「津波の心配はなし」の情報にもかかわらず,少なからぬ方々を高台等へと避難させた。「これがあの南海トラフかも」との意識のためである。

　解決すべきいくつかの課題があるのは承知の上で,こんな架空緊急放送を考えてみたい。「西日本の広い範囲で強い揺れが観測されました。今,××沿岸に大津波警報も発表されました。心配してきた南海トラフ巨大地震である可能性がきわめて高いと思われます。津波が来ます。大急ぎで避難を……」。

海 13 形式的理想性／現実的実効性

「形式的理想性」(「最悪でも最善」)と「現実的実効性」(「苦境でも次善」)。このバランスについて考えてみる。これまでの防災計画や訓練は，最悪の災害が起こったとしても一人の犠牲者も出さないことを目標としてきた。これは，一見，非の打ち所のない立派な原則に思える。しかし，最悪の事態が起きているのに，事前に準備した対策の方はなぜか当たりに当たり，すべて順調に機能して万事がうまく回っていく……。こんなうまい話があるのだろうか（海5）。

「形式的理想性」だけを追い求める防災計画や訓練が，より多くの命を救うかもしれない「現実的実効性」の高い防災計画の策定を阻害している一面もある。たとえば，多くの地域防災計画では，最悪の津波想定高に対してさらに一定の余裕高をもった場所のみが避難場所として指定されている。けれども，そのために，かえって地域住民に「足が弱いのにそんな場所まで逃げられない」といったあきらめの気持ちを生んだり（海2），現実には命を守ることができそうな場所（たとえば，近隣のマンション）が避難場所として検討もなされないままといった問題を引き起こしたりしている。

さらに，「形式的理想性」に基づく訓練しか行われていないために，何か一つでも歯車が狂うと，その窮地から事態を回復させる力が養われないという一面もある。現実の危機事態では，百点満点をとることを前提にした準備よりも，満点どころか50点も危ないぞという「窮地でも次善」の手を着実に打って，そこから60点，70点へと合格ラインまで状況を引き上げていく反発力が重要となる（天5）。

「形式的理想性」を求める姿勢を手放すことはない。しかし，その落とし穴にも十分気を配るべきで，それを補うのが「現実的実効性」の原則である。

海 14 「〜してください」と「〜します」

　最近，高知県黒潮町の，とある小さな地区で，津波防災計画づくりのキックオフとなる集まりに出席した。会場となった小さな集会所には，住民，役場職員など50人以上の方が集まっていた。熱気あふれる空間で，周辺の地図を見ながら防災・減災上の課題について，グループごとにワークショップスタイルで話し合いがもたれた。みなさんの地区への強い思いを感じることができるよい話し合いだと感じた。

　ワークショップでは，参加者が考えたことや感じたことを，付箋紙に書いて地図の上に貼り付けていった。100枚を優に超える付箋紙群を眺めていて気づいたことがあった。書かれた文の語尾に，「〜してください」という表現が目立ったのだ。たとえば，「ブロック塀があって避難が不安なので撤去『してください』」といった言葉である。要するに，住民から役場に「お願い」（要望）したいことが表現されているのである。

　アドバイザーを仰せつかっていた私は，ワークショップのとりまとめとして，こうコメントさせてもらった。「みなさん，『〜してください』の付箋紙を一枚書いたら，必ず，自分（たち）は『〜します』も一枚書いてください。今後，この地区でワークショップをするときは，これをルールにしませんか」と。

　防災計画づくりでは，たしかに，「自助・共助・公助をバランスよく……」の精神が大事である。このお題目，誠にもっともであるが，言うは易く行うは難しでもある。しかし，こんなワークショップ・ルールを置いてみると，自分（たち）でなしうることと，役場にも一肌脱いでもらわないと埒があかないこと，両者のバランス感覚を自然に身につけることができる。

海 15 見えない災害遺構

　災害遺構（震災遺構）とは，災害が原因で破壊された構造物のうち，災害記憶の継承を目的に保存されたものをいう。東日本大震災（2011年）でも，南三陸町の「防災対策庁舎」，宮古市の「たろう観光ホテル」など，災害遺構をめぐる議論や活動が盛んである。

　実際には，一方で，保存に必要な多額の経費を問題視する観点から，あるいは，「震災を思い出したくない」と思う被災者の心情を慮って取り壊されたり，結論が先送りされたりしたものもある。他方で，保存が決まり費用の一部を国が負担したものもある。

　さて，「千年に一度」クラスの災害については，上に掲げた災害遺構の定義には矛盾するようだが，ある建造物（空間）が災害の被害を受けていないと考えられることが，逆説的に，当該の災害の性質や規模を暗示する有力な災害遺構と見なしうる場合がある。典型的な事例は，「海岸沿いに水戸と仙台をつなぐ浜街道が，見事なほどに津波の浸水を免れていた」（平川, 2012, p.8）ことである。

　これは，「浜街道」が現にそこにあること——つまり，津波の難から逃れたと思われる多数の神社仏閣や旧家など，町場を従えた街道筋の景観が他ならぬその位置に今もあること——が，それよりも海岸寄りの地域が，かつて大きな津波災害に襲われたことを暗示する災害遺構（痕跡）だというわけだ。ここでは，破壊ではなく健全であることが，それを災害遺構たらしめている。

　さらに，たとえば，平地に山地が迫る場所に広がる都市は，その地形的環境が，地震で隆起した山地とそこから流れ下る河川群が形づくった氾濫平野から成立しているという意味で（地10），都市そのものが（見えない）災害遺構の上に形成されていると見なすことも許されるだろう。

の巻

人 1 正常性バイアスと心配性バイアス

正常性バイアス

　なぜ災害に対する備えが進まないのか。この問いに対しては、「災害は稀少現象だし、"わが事"になりにくいから」という答えがかえってくることが多い。たしかにその通りかもしれない。

　ただし、「わが事」にするための対策には、一工夫必要である。「当事者意識をもつように」「自分の命は自分で守って」といった言葉で自助の重要性を強調するのが常套手段のようだが、「"わが事"意識をもって」「正しく情報を利用して」と説得すれば、そのままそうなるほど人間は単純ではない。いくら熱心に災害リスクを伝えても、右から左に聞き流してしまう人も多い。「正常性バイアス」（正常化の偏見）は、このような事態を解説するための心理学用語として登場することが多い。人間には、「自分だけは大丈夫」と思い込む傾向があって、それを「正常性バイアス」と呼ぶ、というわけである。

　「正常性バイアス」は、心理学由来の言葉である。筆者の専門が心理学であるために、ついつい身内にキビシクなるのかもしれないが、「正常性バイアス」という説明も怪しいものだと思う。まず、こういった傾向が人にあることは、「宿題をしなくても、自分が当てられる確率は低い」と思ってサボリを決め込む小学生でも知っているわけで、今さら「正常性バイアス」などとプロっぽい呼び名を付けたところで、問題が解決するわけではない。

心配性バイアス

　さらに、より重要なこととして、人間は、まったく反対方向を向いた傾向性ももっている。たとえば、わが子のこととなると、交通

事故にあわないか，学校の防犯対策は大丈夫かと，途端に心配性になる親はたくさんいる。あるいは，年老いた親が転倒しないか，火事を出さないかと気を揉んでいる人も多いかもしれない。つまり，人間は，「正常性バイアス」ならぬ，「心配性バイアス」ももっている。ちなみに，こちらはきちんとした心理学用語ではなく筆者の勝手な造語である。

もしそうならば，「正常性バイアス」という用語を繰り出して説明した気分になっている間に，「心配性バイアス」の方が強く働くような仕組みや場面を作って，防災・減災を進めてみてはどうだろうか。実際，上の諸ケースは，リスクに対する「わが事」意識を高めようと本人にアプローチして「正常性バイアス」で押し返される場合でも，その人にとって大切な人（親にとってのわが子，子どもにとっての老親）を媒介にすると，「心配性バイアス」の方が強く働いて，より効率的に「わが事意識」（「われわれ事意識」と呼ぶべきか）を高められる可能性があることを示している。

防災・減災でも実例あり

こうした取り組みは，防災・減災の分野でもすでに実際に存在する。たとえば，「子どもたちは絶対に逃げてくれますから，保護者のみなさんも確実に避難してください。そうでないと，子どもたちも安心して逃げられません」。いわゆる「釜石の奇跡」を支えたこの論理（「津波てんでんこ」）は，単純な自助原則ではない（海1）。互いが互いを大切に思う「心配性バイアス」を巧みに組み合わせて，「わが事」意識を高めたものだと言える。

こんな事例もある。朝日新聞（2014年11月19日付）によると，高齢者を対象とした「孫育て講座」での防災・減災の取り組みが評判だという。自分のことになると，何をしていいかわからないなどとついついおっくうになりがちでも，「『孫を守る』という観点から

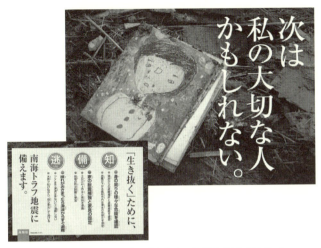

図1 「次は私の大切な人かもしれない」(高知県のポスター)

考えると,防災が違って見えてくるようです」とある。具体的には,孫との散歩を意識しながら防災マップについて検討したり,どのような非常用グッズを持っておけばいいのかについて意見交換がなされたりしている。

また,10年ほど前,「彼女を守る51の方法」(古屋兎丸氏の漫画作品)が話題になった。この作品,若い男性(大学3年生の21歳)を主人公(ターゲット)にして,かつ,「彼女」という看板を掲げたところが味噌だろう。一般に,若い男性は,災害の犠牲になりにくい。緊急避難時や避難所でものを言う体力もあるし,最新の災害情報を入手可能な情報機器の扱いにも慣れているからだ。

しかし,この特徴は,当然,「自分だけは大丈夫」(正常性バイアス)にもつながる。いや,正確に言えば,事実大丈夫である確率が高いのだから,バイアスですらないのかもしれない。このため,若い男性は,一般に防災・減災に対する興味・関心が薄い。避難訓練などに対する参加率が最も低いのもこの層である。若い男性は,防

災関係者にとっての鬼門なのだ。その関門を突破するための鍵が，——本人たちではなく——若い男性にとっての（最大の）関心事，つまり「彼女」の方にあったというわけである。

さらに，図1に掲げたポスター／チラシ（高知県南海地震対策課）のキャッチコピーは，こうした観点から見たとき秀逸である。オーソドックスなフレーズが並ぶ裏面と対比してみると，そのことがよくわかる。このようにアプローチされると，だれしも「私の大切な人」の安全について考えざるを得ない。

最後に，個人的な話を一つ付け加えておきたい。筆者は，数年前，「親孝行耐震化」を実行した。これは，防災業界の大御所河田惠昭氏（京都大学名誉教授）の造語である。住宅等の耐震化は重要な防災対策でありながら，経費の問題や，高齢の居住者の気持ちの問題（「もう年だし，今さら工事しなくても，自分が死ぬまではたぶん大丈夫」）から，なかなか前に進まない。

これに対して，河田教授は「親が高齢なら，子ども世代は働き盛りのはず，親孝行だと思って給料の一部をそれにあてて……」と提案されたわけである。（子の親に対する）「心配性バイアス」をうまく利用して，（親の）「正常性バイアス」を克服しようというねらいだ。

当時築50年近くになっていた筆者の実家は，むろん新耐震基準導入（1981年）よりも以前に建てられたもので，阪神・淡路大震災で屋根や壁に被害を受け，修理を余儀なくされるなど老朽化も進んでいた。そんな事情もあって，筆者自身，自宅よりも母親の住む実家の方に強く「わが事」を感じたのだ。最低限の部分耐震ではあったが，少し心配が減った。

人 2 「正当にこわがる」/「正しく恐れる」

「小爆発二件」

　「正当にこわがる」と「正しく恐れる」——。読者は，おそらく，前者よりも後者をより多く耳にされているのではないだろうか。後者のフレーズは，東日本大震災以後，1つには原発事故が引き起こした放射能汚染に関連する文脈で，もう1つには次に予想される巨大災害（たとえば，南海トラフの巨大地震・津波）の想定に関連する文脈で，よく引き合いに出された。そのニュアンスは，多くの場合，「科学的な知見に依拠して，恐れるべきものは恐れ，そうでないものを不必要に恐れることはやめましょう」というものである。そして，このフレーズには，物理学者にして随筆家としても名高い寺田寅彦によるものだ，との但し書きが加えられることが多い。

　しかし，何人かの慧眼な論者がすでに指摘しているように（榊，2011；佐伯，2012），寺田自身が用いた言葉は微妙に異なっている。それが「正当にこわがる」という言葉である。多くの人が，無反省に，かつ便利に引用・紹介している間に，言葉や発言の趣旨がオリジナルのそれから遊離してしまうことがたまにあるが（海1），この言葉にもその疑いがあると筆者は考えている。

　そこで，寺田自身の言葉を，少し長くなるが周囲の文脈も含めてそのまま引用して，しっかりと見定めておこう。このフレーズは，「小爆発二件」と題されたエッセイに登場する。昭和10年8月，浅間山の噴火活動とそれに対する人びとのふるまいを間近に観察する機会を得た時に寺田が得た印象がベースになっている。

　　十時過ぎの汽車で帰京しようとして沓掛駅で待ち合わせていたら，今浅間からおりて来たらしい学生をつかまえて駅員が爆

発当時の模様を聞き取っていた。爆発当時その学生はもう小浅間のふもとまでおりていたからなんのことはなかったそうである。その時別に四人連れの登山者が登山道を上りかけていたが，爆発しても平気でのぼって行ったそうである。「なになんでもないですよ，大丈夫ですよ」と学生がさも請け合ったように言ったのに対して，駅員は急におごそかな表情をして，静かに首を左右にふりながら「いや，そうでないです，そうでないです。──いやどうもありがとう」と言いながら何か書き留めていた手帳をかくしに収めた。

　ものをこわがらな過ぎたり，こわがり過ぎたりするのはやさしいが，正当にこわがることはなかなかむつかしいことだと思われた。○○の○○○○に対するのでも△△の△△△△に対するのでも，やはりそんな気がする（寺田, 2011, pp.85-86）。
［引用者注：伏字は原文のママ，初出は昭和10年（1935年）］

寺田寅彦の真意

　駅員が示した「おごそかな表情」が，寺田の真意を，まさに「正しく」理解するための鍵である。「おごそか」とは，厳粛なさま，重々しく，心が引きしまる様子，である。したがって，仮に，ここに登場する学生がこわがらな過ぎる人の代表例として提示されているとして，この駅員はこわがり過ぎている人の典型例として学生と対照されているだろうか。筆者にはそうは思えない。もしそうならば，「ひどく驚いた表情で」とか，「びくびくして」とか，現代風に言えば，パニックになっている様が描かれるのではないだろうか。

　「おごそか」は，ここで言う「こわがる」が，自然（火山噴火）に対する「恐れ」というよりも，むしろ「畏れ」を表現していることを示唆している。また，「正しく」ならぬ「正当に」は，佐伯（2012）が指摘しているように，科学的な基準に照らした場合の「正しさ」

を表示しているのではなくて、畏れること自体の「正当性」や「権利」（要するに、畏れてよいこと）を意味していると解釈すべきである。

そもそも、現代社会とは、専門家と一般の人びととの間ではもちろん、専門家の仲間内ですら、「正しさ」の基準が大きく揺らいでいる「リスク社会」だとの認識も、ここでの議論を後押ししてくれる。他ならぬ原発の安全性をめぐる論争しかり、地球温暖化の深刻度に関する議論またしかりである。

このように考えてくると、「正当にこわがる」と「正しく恐れる」との間には、随分と大きな違いがあることがわかる。繰り返せば、寺田が述べた「正当にこわがる」は、自然に対する「畏れ」を抱き続けることの重要性や正当性（権利）を強調している。つまり、自然について知るための手段としての自然科学の可能性を信じそれを究めようとする姿勢をもつと同時に、それが及ばない部分が残ることを悟ることの大切さを説くものだ。自分自身が一流の物理学者であった寺田は、自然科学のパワーも十二分に理解し感じていたはずである。その人物の言だけに、この言葉には重みがある。

他方で、「正しく恐れる（恐れましょう）」は、上述の通り、少なくとも現在流布している用法においては、特に、一般の人びとが自然科学の知見を軽視してむやみに恐れることの「非科学性」を、——専門家の側が少なからぬ軽蔑や揶揄の念をこめて——批判する目的で使用されている。「素人が何を言っておるのだ」というわけだ。よって、その種のサイエンス・コミュニケーションで前提にされているのは、寺田のオリジナルな用法とはむしろ正反対に、自然科学に対する絶対的な信頼、言いかえれば、無反省な従属である。

この意味で、「正しく恐れる」は、寺田が語った「正当にこわがる」の真意を逸しているし、3.11以後の世界を生きている私たちにとってふさわしい導きの糸とはなりえないように思われる。

ミニコラム2 「天災は忘れた頃にやってくる」

　この著名な言葉も，寺田寅彦によるものとされている。しかし，寺田はこの通りのフレーズを書き残したわけではない。「天災と国防」と題されたエッセイに登場した原形は次のようなものだ。

　『それで，文明が進むほど天災による損害の程度も累進する傾向があるという事実を十分に自覚して，そして平生からそれに対する防禦策を講じなければならないはずであるのに，それが一向に出来ていないのはどういう訳であるか。その主なる原因は，畢竟そういう天災が稀にしか起らないで，ちょうど人間が前車の顛覆を忘れた頃にそろそろ後車を引き出すようになるからであろう』（寺田, 1997, p.316）。

　この最後の部分が今日に伝えられているわけだが，ここだけを抽出したことが，正確な理解を妨げているのではあるまいか。この言葉は，ふつう，以下の2つのことを意味していると思われている。第1は，巨大地震など自然災害が発生する時間間隔は，人間の感覚からすると非常に長いという警告（自然現象的理解）である。第2は，人間とは忘れっぽい動物で，大切な教訓も痛手も案外早く忘れてしまうという警告（心理分析的理解）である。

　しかし，寺田は，こうしたことだけを問題にしているのではない。鍵は，「文明が進むほど天災による損害の程度も累進」にある。ここには，単に，災害の発生間隔が長いとか，人間が忘れっぽいとかではなく，自然と人間の「関わり方」に関する警鐘が込められている。

　その証拠に同じエッセイの中で寺田はこう書いている。

　『文明が進むに従って人間は次第に自然を征服しようとする野心を生じた。そうして，重力に逆らい，風圧水力に抗するような色々の造営物を作った。そうして天晴れ自然の暴威を封じ込めたつもりになっていると，どうかした拍子に檻を破った猛獣の大群のように，自然が暴れ出して高楼を倒潰せしめ堤防を崩壊させて……』（同, pp.313-314）。

　筆者としては，この著名な言葉は，「天災は安心した頃にやってくる」と言い換えることが可能だと思う。「堤防ができたから，もう安心」（ハード対策に対する安心），「事前に警報が出るから，もう安心」（ソフト対策に対する安心）――寺田は，この種の「もう安心」に対して，「人間が前車の顛覆を忘れた頃にそろそろ後車を引き出す」と警告を発している。

人 3 〈順向〉と〈逆向〉── 復興の時間

「何もかも終わった」／「すべてそこから始まった」

　災害復興について思いをめぐらせていると，時が進む方向について考えさせられることが多い。筆者は，長年お付き合いのある阪神・淡路大震災の被災者（同一人物）が，「何もかもあの日で終わりました」という言葉と，「すべて地震から始まりました」という言葉，この両方を口にするのを聞いたことがある。

　一方に，「もし……しておけば」，「仮に……ならば」と，どこまでも時を〈逆向〉して，あの日の出来事を回避しえた可能性を追求せずにはいられない気持ちがある。他方に，それでもなお，次から次に押し寄せてくる被災後のきびしい現実に向き合いながら，時の流れに〈順向〉して生きていかねばならない現実がある。この両者を無理矢理にでも折り合わせねばならない事情が，字義だけをとらえれば矛盾するかに見えるこれら2つの言葉には込められている。

　被災者は，多かれ少なかれ，このような葛藤に苦しめられるが，特に，災害で家族を喪った遺族において，ここで言う〈順向〉と〈逆向〉が，もっともきびしく辛い形式で同居することが多いだろう。世間で言われる「心の復興」とは，煎じ詰めれば，きびしく対立する〈順向〉と〈逆向〉の両者をどのように矛盾なく接合させるかにかかっているように感じる。よって，遺族をはじめとする被災者の「心の復興」へ向けた支援においても，この矛盾と葛藤の軽減に向けたサポートが中心に据えられるべきであろう。

〈順向〉と〈逆向〉のバランス

　〈順向〉と〈逆向〉の対立と共存というモチーフは，コミュニティや社会の水準でも観察できる。たとえば，防災・減災に関する議論

でしばしば引き合いに出される「災害マネジメントサイクル」では、「事前の準備→（発災）→直後の初動対応→復旧・復興」といった段階的な事態の進行が仮定されている。しかし、サイクルという用語に端的に表現されているように、ある災害からの復旧・復興（たとえば、大きな津波被害を受けた集落をどこで再建するか）は、言うまでもなく、次の災害へ向けた事前の準備とオーバーラップする。

　このように、防災・減災の実践において、「今後、何をなすべきか」（〈順向〉）と、「あのとき、何をしておかねばならなかったのか」（〈逆向〉）とは、結局、同じことに帰着する。しかし、上で見たように、時の流れを断ち切る断絶の極大とも呼ぶべき巨大災害の前後で、一人の人間がこの両者をバランスよく並存させることは、そう容易ではない。

「一日前プロジェクト」と「失敗学」

　このことが明瞭な形で表れているのが、内閣府が平成18年度から実施している「一日前プロジェクト」である（図1）。このプロジェクトの報告書の冒頭には、「災害の恐ろしさ、事前に備えておくことの大切さを国民のみなさんに気づいてもらう一つの手段として、この『一日前プロジェクト』が誕生しました。『もし、災害の一日前に戻れたら、あなたは何をしますか？』の問いをきっかけに、災害対応の経験や被災体験を失敗談を含めて語っていただく……（後略）」と記されている。

　つまり、このプロジェクトは、被災者個人にとっては、そう簡単に折り合いがつくはずもない〈順向〉と〈逆向〉の矛盾・葛藤を、コミュニティや社会の水準に展開することによって、「復興・支援」と「防災・減災」を共に前に進めようというねらいをもっている。ある災害の被災者が痛切に感じとった〈逆向〉を、未来の潜在的な被災者の〈順向〉に接続させるわけである。

図1 「一日前プロジェクト」のパンフレット（内閣府）

　「失敗学」の提唱者として知られる畑村洋太郎氏の姿勢にも，〈順向〉と〈逆向〉が見え隠れしている（畑村, 2005）。畑村氏は，独自の「失敗学」に基づく原因究明と，責任追及中心の従来型の原因究明とを峻別する。地震にせよ，津波にせよ，原発事故にせよ，結末をすでに知っている〈逆向〉の目には，「これこれの原因があって，誤った判断があって，その結果……」と，不幸な事態に至った過程を特定することが容易であるように映る。それゆえ，たとえば，「なぜ，そんな簡単な対策をしておかなかったんだ！」と，関係者の責任を追及する態度が醸成されやすい。むろん，これはこれで社会に必要な営みである（なお，上述した種類のご遺族の苦しみ──サバイバーズギルト──は，責任追及の対象が自分自身になっていることから生じている）。

しかし、「失敗学」は、真の原因究明、事故防止のためには、こうした〈逆向〉の視線だけでは不十分であり、〈順向〉の視線が不可欠だと論じる。〈逆向〉の視線には、こうなることが必然であったと見える事象、したがって、「こうすれば必ず防げた」と映る事象が、その時その場、その渦中にあった人に対してどのように見えていたかに迫らない限り、真の原因究明や事故防止にはつながらないからである。

畑村氏は、かつて、筆者に、「私は、ヒアリングが上手だと言われるんですよ」と語ってくれたことがある。その理由を、同氏は、独特のヒアリングスタイルに求めていた。「全体像がまだわかっていない時に、『自分ならばこのように判断するけれどどうですか』という聞き方をします」と。

これは、一見何でもないことのようであるが、非常に微妙な立場に立った尋ね方である。すなわち、完全な部外者、第三者の立場から、つまり、安全圏から〈逆向〉を前提に、「こうできたはずじゃないのか！」と詰問するのではない。かといって、当事者としての〈順向〉を前提に、「そうするほかなかったんでしょうね」と単純素朴な傾聴や全面的な共感を示すのでもない。

筆者の考えでは、これは、インタビュー対象者に対して、インタビュワーが自らを、共に問題解決にあたるためのアクションリサーチにおけるパートナー（共にコトをなす共同実践者）として定位する姿勢である（地6）。言いかえれば、ちょうど「一日前プロジェクト」において目指されていた〈順向〉と〈逆向〉の接続が、畑村流インタビューでは、インタビュワー（畑村氏）とインタビュー対象者との関係性の中で巧みに実現されているのである。

むろん、〈順向〉と〈逆向〉は、いずれか一方に軍配を上げるべき筋合いの話ではない。復興の時間には、常に、この両方のベクトルが混在している。両者のバランスをとった思考と実践が大切である。

人 4 災害の記憶のゆがみ

2015年の災害

　防災・減災の基本は，過去の災害をしっかりと記憶にとどめ，そこから十分に学ぶことだ。しかし，人間や社会の記憶には気をつけねばならない独特のゆがみや癖もある。この点について，2015年に日本国内で発生した災害を振り返りながら考えてみよう。

　比較的記憶が鮮明に残っているはずの最近のものから始めて，徐々にさかのぼっていこう。この年，10月以降は，幸い大きな災害はなかった。しかし，9月は全国的に非常に多く災害が発生した。

　まず，9月28日，台風21号が沖縄県を直撃，与那国島では，日本の観測史上4番目の記録にあたる最大瞬間風速81.1メートルを記録した。17日には南米チリ沖で巨大地震が発生，日本でも広範囲に津波注意報が発令され，実際，岩手県久慈市では80センチの津波を観測した。14日，阿蘇山で噴火活動が活発化，噴火警報レベルが引き上げられ入山が規制された。さらに，9日から11日にかけて，「平成27年9月関東・東北豪雨」が発生，茨城県常総市で鬼怒川の堤防が決壊するなどして，8人が死亡，7,000棟以上が床上浸水した。

　それぞれある程度読者の記憶に残っていると思うが，こうして列記すると，これほど多発していたのかとあらためて感じるのではないだろうか。しかし，この年の災害はこれだけではなかった。もう少しさかのぼってみよう。

　8月15日，桜島で大規模な噴火が発生，噴火警戒レベルが3（入山規制）から4（避難準備）へと引き上げられた。7月26日の調布飛行場での小型機墜落事故，6月30日の東海道新幹線の火災など事故等も続出するなか，同じ6月30日に，箱根の大涌谷地区で火山活動が活発となり，観光業などに大きな影響が出た。そして，その前，

図1 口永良部島（2015年5月29日の大噴火直後）
（写真提供：京都大学火山災害研究センター）

5月29日には，鹿児島県口之永良部島で大噴火があり，全島避難の事態となった（図1）。

このように見てくると，火山噴火の印象が強く，地震の記憶があまりないかもしれない。しかし，そんなことはなく，5月30日には，小笠原諸島付近で地下深くで起きる深発地震（マグニチュードは8.1，最大で震度5強の揺れを観測）が発生し，首都圏で約1万9千台のエレベータが緊急停止，14台で閉じ込めが発生した。なお，この地震では，気象庁の観測史上初めて，震度1以上の揺れをすべての都道府県で観測した。

言われてみると思い出すが，意外に忘れていることに気づかれるだろう。私たちは，実に忘れっぽい一面をもっている。特に，次々に災害が起きると一見災害に対する意識が高まりそうだが，むしろ，次々に起こるけど，単に次々に忘れ風化してしまう点には，十分注意が必要だ（「天8」および「ミニコラム2」）。

「これまでに経験したことがない」？

災害の記憶について考えるために，近年の災害を思い出す作業を

もう少し続けてみよう。もう一年前（2014年）について振り返ってみる。この年の11月22日，長野県北部（白馬村など）で大きな地震（最大震度6弱）があった。幸い，この地震では亡くなった方はおらず，その理由の一つとして，阪神・淡路大震災の学びの一つでもあった共助（近所の人たちの助け合い）による救出劇があったことも大きく報道された（人14）。

9月27日には，長野県御嶽山の大噴火で，死者・行方不明者あわせて60人を超える大きな被害が出て，「戦後最悪の噴火災害」とも言われた。8月には，京都府福知山市，兵庫県丹波市などに大きな被害をもたらした記録的な集中豪雨があった。さらに，広島市近郊で大規模な土砂災害が発生，74人もの方が犠牲になった。

このような状況から，「これまで経験したことがない災害が次々に発生して，どうしたらよいかわからない」といった声を聞くこともある。マスメディアに，「未曾有の災害」，「全く新しいタイプの災害」といった言葉が踊ることも多く，いっそう不安感が募っているのも事実だ。しかし，本当にそうだろうか。実際には，同じようなことを近年経験しているのに，それをきちんと記憶し十分に活かしきっていないために，「これまでに経験したことがない」というイメージをもっているだけではないのだろうか。

たとえば，上記の広島市での土砂災害では，約50万立方メートルもの土砂が流出して，「今回の土砂量は過去最大規模となる」と報道されたりもした。しかし，その前年（2013年）には伊豆大島でも大規模な土砂災害が発生しており，その2年前の2011年9月に発生した紀伊半島豪雨による土砂災害（死者は90名以上）では，流出土砂量は1億立方メートル，広島の事例の100倍以上だったことがわかっている。もちろん，災害の種類や被害の様相はちがうが，同様かそれ以上の土砂災害を私たちは近年経験しているわけだ。

さらに，上記の鬼怒川の堤防決壊に伴う大規模な浸水の様子（常

総市の浸水面積は約 4,000 ヘクタールと推定）から，「こんな光景は初めて見た」といった感想も耳にした。しかし，そのわずか1年前，福知山市などに被害をもたらした豪雨でも，由良川沿岸4市町村で浸水の総面積は約 2,500 ヘクタールにものぼっている。ここでも，浸水した地域の特性に違いはあるが，ほぼ同規模の災害がごく最近起こっていたのだ。

「私たちは忘れっぽい」と書いたが，単に忘れているというより，新しく起こったことばかり気にかけて，それ以前に起こった出来事にしっかり目を向けていない点が深刻である。新しい災害だけに目を奪われるのではなく，少し前に起こった災害についてよく振り返る習慣を身につけたいものだ。

ミニコラム3　アニヴァーサリーとアーカイヴ

　アニヴァーサリー（記念日）とアーカイヴ（原義は，記録文書などの保管庫）はともに，災害の記憶を保持し，それを未来へと継承しようとするとき非常に重要な役割をもつ（海15）。しかし，両者はともに見逃すことのできない落とし穴ももっている。すなわち，アニヴァーサリーもアーカイヴも，一方で，何ごとかの記録や記憶を促す存在だが，他方で，忘却（もう少し控えめに言えば，「一区切り」つける作業）を促進してしまう一面も有している。

　まず，アニヴァーサリーについて。たとえば，亡くなった方に対する年回忌は，もちろん故人を偲ぶための機会である。しかし同時に，それは，故人に対する供養の営みに一区切りをつけて日常生活を確保する働きももっている。「災害から×年目」――その日だけその災害に対する関心が高まる現象も同様である。

　アーカイヴも同じである。何かを記録・収蔵する作業が，逆説的に，その何かについて常時考えなくてよい状態を私たちに保証してくれる感覚は，だれしも感じたことがあるはずだ。

　災害の記憶について考えるとき，両者がこうした相矛盾する性質を持っていることも，念頭に置いておく必要がある。

人 5　事故の季節感

　東京消防庁が,「救急搬送データからみる日常生活の事故」(東京消防庁, 2011) という注目すべき報告書を公開している。救急車の出動件数のうち約18%が,日常生活の中でころんだり,ぶつかったりといった比較的小さな規模の事故によるものだという。この報告書は,日常の事故を9つのグループに分け,「ころぶ」「ぶつかる」といった印象的な動詞でそれぞれのグループについて表現している。報告書というと数字ばかりで無味乾燥な印象を受けることも多いが,この報告書はひと味違う。

　中でも興味深いのは,事故の発生に独特の季節感があることだ。具体的に言うと,12月から1月を中心に冬に多く発生する「冬型」の事故が,「ころぶ」「落ちる」「つまる・のみこむ」「やけどする」の4つ。他方で,6月から8月を中心に多く発生する「夏型」が,「かまれる・刺される」「ぶつかる」「はさまれる」「切る・刺さる」の4つ。この2組がきれいに分かれて,9つめの「おぼれる」だけは,冬と夏,両方に発生のピークがある。

「夏型」の事故

　「夏型」について詳しく見る前に,「おぼれる」について一言。いかにも「夏型」に見える「おぼれる」であるが,実際には,「冬型」「夏型」両方の特徴がある (図1)。おぼれている場所が違うのである。つまり,冬は風呂場での事故 (2歳以下と高齢者が多い),夏は川や海での事故 (年齢を問わず見られる) が多くなる。いずれにせよ,「おぼれる」は他の事故と比べて重篤な事故となりやすいという性質をもっている。気をつけたい事故の一つである。

　次に,「かまれる・刺される」。これが「夏型」になるのも合点が

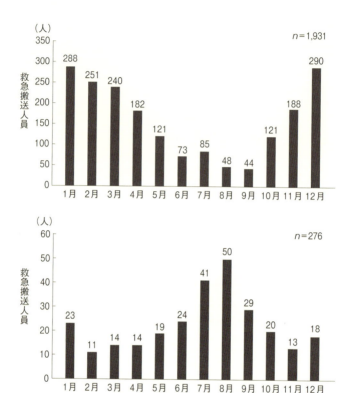

図1 「おぼれる」に関する月別救急搬送人員数（上：風呂・銭湯　下：それ以外の場所）（東京消防庁（2011）の調べによる）

いく。相手は，犬，ハチ，猫，ムカデの順となり，近年はカラスも要注意とのことだ。これらの動物の活動量が多くなることに加えて，人間の方も薄着となる上に夏休みで山歩きなどをするので，「かまれる・刺される」機会を増やしているわけである。

以上と比べると，「ぶつかる」「はさまれる」「切る・刺さる」が「夏型」になる理由は，わかりにくいかもしれない。まず，「ぶつかる」は，年齢別では 10〜20 歳代，性別では男性が多い。ぶつかっ

ている対象で一番多いのは、他ならぬ人。気候がよくなって屋外で活動する機会が増え、スポーツ中の衝突事故などが増えるのだ。その意味で、「ぶつかる」は夏を通して多いが、ピークは真夏よりも、スポーツ等に向いている5～6月と9～10月に来る。

「はさまれる」は、5歳までの子どもと30歳代の男性に多く見られる。子どもは、家屋、自動車、電車のドアなどに、働く男性は仕事中に機器等にはさまれるケースが多い。子どもについては、夏休みなどで外出が多くなることが夏に増える原因である。一方、大人の方は、暑さで集中力が散漫になりやすいことが、夏に事故件数が増える理由のようだ。

他方で、「切る・刺さる」は、男女は問わず20～30歳代で多くなる。何で切るか、何が刺さるのかと言えば、多い順に、包丁・ナイフ、ガラス、電動工具、カッターとなり、家事や仕事中にケガをするケースが多いことがわかる。「夏型」になるのは、子どもが夏休みの課題で工作をしていてカッターで指をけがしたり、大人の草刈り中のケガが増えたりするためとのことである。

「冬型」の事故

まず、「落ちる」。もちろん、乳幼児が家屋のベランダ等から、子どもたちが学校の階段等で転落する事故も多いのだが、「落ちる」のピークが12月にあると言えば、もう一つの事故のパターンに気づくだろう。要注意は、お酒が好きなみなさんである。忘年会等でお酒を飲んで、階段等から転落するケースである。

次に、「ころぶ」。これが冬型になるのも「落ちる」と同じ理由だ。忘年会や新年会による飲酒が影響している。ただし、年齢別には高齢者が圧倒的で、発生場所も室内が1位となる。段差の解消、整理整頓など、屋内での転倒事故にも十分気を配る必要がある。

「つまる・のみこむ」については、「高齢者がお餅を、だから冬」と

いう声が聞こえてきそうだ。もちろんその通りで、だからこそ、これは「冬型」に分類できる。ただし、詰まらせているものの順位で言えば、薬、タバコ、ご飯（お餅ではなく）、魚の骨、玩具の順となり、お餅はこれらより少ない。つまり、「つまる・のみこむ」は、年間通して注意が必要で、高齢者だけでなく、大人が見ていない場面での乳幼児の誤食・誤飲にも警戒すべきである。

最後に「やけどする」。これもあえてピークを探せば12月になるが、意外なことにあまり季節感はなく、夏にもかなり多く見られる。キャンプやバーベキューなども一因かもしれない。

季節感と言っても、けっして風流とはいえない話題ではある。それはともかくとして、事故やケガについても季節変動があることを念頭に、予防や対策につとめたい。

年齢別に見てみると

最後に、同じ報告書について、ちょっと角度を変えて、学童期の年齢のみを取り出して年齢別に眺めてみよう。報告書には、0～4歳、5～9歳、10～14歳、15～19歳と5歳刻みにデータが示されている。このうち、0～4歳のみ、1位はものが「つまる・のみこむ」で、その他の年齢層では、1位はすべて「ぶつかる」となる。乳児については、ものの誤食・誤飲対策が事故防止では一番大切で、小学生以上は「ぶつかる」対策が重要ということだ。

筆者が小学生の頃、通っていた小学校に「ストップ60」というペナルティがあった。廊下を走っていると「ストップ60！」と言われて、60秒自分で数えるまでその場に止まっていなければならなかった。「なんで先生は必死になって"廊下を走るな"って言うんやろう？」、子ども心にそう思っていたが、ようやく理由がわかった。

人 6 天譴論

　天譴論は，災害を，堕落した人間や社会に対する天罰と見なす思想のことである（廣井, 1986）。たとえば，図1には，なずえ（地震）が贅沢三昧な社会（華美な衣装に身を包んだ裕福な女性）を責めている場面が描かれている（北沢, 1973）。この天譴論について正しく理解するために重要なことが，3つある。

　第1に，天譴論は，社会的防衛機制，つまり，社会の秩序や心の平穏を保つためのメカニズムである。このことの意味は，人間にとって最大の恐怖は，災いそのものと言うより，その災いが何であるのか，あるいはどうして起こったのか，その意味がわからないことから来ることを踏まえれば，すぐにわかる。

　災害に関する自然科学の知識（意味づけ）が欠落していた時代，それまで平穏だった生活を突如かき乱す災害は，さしあたって，まったく説明不能の恐怖に満ちた攪乱として現れたはずである。天譴論は，この恐怖に対する防衛機制として登場した。ここでの要点をあえて単純化して示せば，天罰だから怖いのではないことを理解できるかどうかが鍵である。真相は逆で，怖いから天罰にするのである。わけのわからない攪乱を天罰としてとらえることによって，人びとはむしろ一安心できたのだ。なぜ

図1　天譴論を反映した画像（大正時代）

6 天譴論

なら，そう意味づけることで，たとえば天罰を受けないような生活を心がけるなど，その攪乱に対する対処がはじめて可能になったのだから．

　第2に，天譴論は，天佑論や天恵論と表裏一体である．つまり，過去における好ましからざる人間のふるまいに対する叱責・天誅としての天譴論は，すぐさま，堕落した社会を変革するために天が今回の災いをあえて引き起こしたのだと，未来へ向けた変革の思想へと転換する．なぜなら，天譴論も天佑論も，そのベースに，〈アンテ・フェストゥム〉（価値基準の一大転換を伴う「世直し」（人8）の精神を伴っているからである．「これまで」の全否定（天罰・天譴）は，まったく新しい「これから」への期待とセットになっているのだ．

　第3に，天譴論は，けっして過去の遺物ではなく現在にも通じる思想である．ただし，その表れ方は，過去（たとえば，大正時代の関東大震災や江戸時代の諸災害）におけるそれとは異なっている．上述のとおり，天譴論は，本来，災害に関する自然科学の知識が欠落していた時代に社会的防衛機制として生まれた．しかし，現代では，皮肉なことに自然科学の知識への過度の依存や無条件の信頼を戒める機能を天譴論が果たしている．たとえば，東日本大震災を，科学技術中心の社会運営に対する過信に対する天の譴責だと位置づける心性は，だれしも理解できるだろう．

　次に，現代においては，譴責の対象がより個別化する傾向がある．天のお叱りを受ける対象が，腐敗して慢心した社会全体（あるいは，支配者階級）ではなく，一人ひとりの個人になるのだ．その端的な表れが，防災・減災をめぐる自己責任論である．耐震補強をしていなかった，災害保険に入っていなかった——そのために受けた被害は本人の自己責任（自業自得）だという発想は，明らかに，天譴論の現代バージョンである．

人 7 「二度殺された」——復興の空間

社会学者の真木悠介に「時間の比較社会学」という名著がある（真木, 2003）。その中に, 原住民が移住者によって命や住処を奪われるばかりでなく森を奪われた時, 「彼らは二度殺された」ことになるという趣旨の一節が出てくる。最初の死は, むろん具体的な人の死や住処の破壊である。肝心な二番目の死は, 彼らの文化の中で, 祖先たちが「今も」そこに住み, 自分たちも「やがて」そこに還っていくとされている空間——森——の破壊による, 死の抹殺（死の死）である。彼らは, 生だけなく死をも奪われた, というわけだ。

こうした考えは前近代的なオカルトにさえ映るかもしれないが, そうではない。先祖代々住み続けた土地が津波で跡形もなくなってしまった方々も, おじいさんが苦労して建てた家やこれから生まれてくる赤ちゃんのために買ってあったオモチャも何もかも流されたと嘆く方々も, これと同じ思いを味わっている。過去も未来も奪われた, と（図1）。

図1　津波によって破壊されつくした街並み（岩手県宮古市田老地区にて筆者撮影）

このことは，津波で破壊し尽くされた光景に，被災者が呆然自失としているという意味ではない。そうではなくて，津波による物理的環境の，突然の，しかも，ほぼ全面的と言えるような破壊によって，それ以前の何でもない日常的な光景が懐胎していた豊かな意味が，むしろはじめて姿を現したと見るべきである（地8）。つまり，何の気なしに見ていたあの家に，おじいちゃんは「まだ」一緒にいたし（「現在はあるが過去はない」のではなく），生まれてくる赤ちゃんもオモチャとともに「もう」一緒にいた（「現在はあるが未来はない」のではなく）。初めて心の底からそう思えるからこそ，被災者のみなさんは苦しいのだ。

むろん，私たちも，同じ感覚を薄められた形では所持している。たとえば，長年住んだ住居を転居する時，あるいは，だれかが愛用していた品物を譲り受けた時，過去や未来がそこに付いてくる（そこから奪われる）とでも言いたくなる感覚を味わうことがある。

この意味で，津波対策としての高台移転については，選択肢の一つとして念頭に置きながらも，その負の側面にも十分留意する必要がある。なぜなら，高台移転は，考えようによっては，津波がまだ来てもないのに，津波による破壊と同様の負の影響——ここで言う「死をも奪う」働き——をもたらしかねないからだ。たとえば，当事者がまったくあずかり知らぬところで，突如として，上に言うおじいちゃんも赤ちゃんのオモチャも放棄しなければならないような形で高台移転が実施されるとすれば，それは，津波そのものに匹敵する破壊力をもっているとさえ言えるかもしれない。

災害復興のお手伝いに必要な「共感」ということがあるとしたら，そのベースは，ここで議論しているような水準に求めるべきであろう。私たちは，最初の死を今ここにとり返すことは，大変残念なことにできない。しかし，二つ目の死を回避すべく，被災者とともに考え行動することはできる。

人 8 「世直し」と「立て直し」

　精神医学者木村敏が独自の時間論の中で提唱している，〈アンテ・フェストゥム〉（祭りの前）と〈ポスト・フェストゥム〉（祭りの後）という 2 つの対照的な未来感覚は，災害復興について考える上で非常に示唆的である（木村, 1982）。

　〈アンテ・フェストゥム〉的な時間感覚における未来は，「何かとんでもないことが起こるかも……」という祭りの前の高揚と不安の併存にも似た，「圧倒的に未知なるものとしての未来」である。この未来感覚は，未来の本質的な不確定性（逆に言えば，無限の可能性）を重視する感覚である。

　この意味で，災害を契機とした「世直し」志向は，〈アンテ・フェストゥム〉的な未来感覚をよく表現している。「たしかに災害はひどい出来事だった。しかし，それを人間や社会のありようを根本的に見直し改変するための契機としなくて何とする」という態度である。すなわち，災害の発生を，過去から現在へと至るスムーズな社会の移行を断絶させたものととらえ，抜本的な「新規まき直し」へと邁進するという反応である（人 6）。

　これに対して，〈ポスト・フェストゥム〉的な時間感覚における未来は，「予定済の将来」，言いかえれば，現在までの「つつがない延長」という形をとろうとする。この未来感覚は，未来の不確定性を，事前に予測・計画することを通して飼い慣らし，想定外をおさえこむことを重視する（地 6，人 12）。

　この意味で，災害に対する「立て直し」志向は，〈ポスト・フェストゥム〉的な未来感覚をよく表現している。日本社会における防災の中核，たとえば，防災計画の立案，訓練の実施——こういった社会的活動はすべて，〈ポスト・フェストゥム〉的な未来感覚の現れで

ある。なぜなら，それは，未来を純粋な未知としてではなく予定済の将来という形で確保しようとする働きだからである。具体例を一つ挙げれば，「事前復興」のコンセプトは，それがどれほど現在とは異なる社会を構想しているとしても，その構想を事前に準備しておくという点において，「立て直し」的復興観を色濃くもっている。

　「世直し」と「立て直し」のいずれか一方に軍配を上げたいわけではない。両者にはそれぞれ長所・短所がある。たとえば，いったんボツになったはずの大規模な社会基盤整備事業が，災害を期に大方の意向に反して復活する事例は，「世直し」志向の悪しき側面である。逆に，将来の社会変化を考慮することなく「とにかく現状復旧」を優先する姿勢は，「立て直し」志向の陥穽であろう。肝心なのは，両者の間の舵取りである。

　災害復興について，「人間中心」のそれと道路整備など「ハード中心」のそれとが対照されることもある。ただし，「ハード中心／人間中心」と「世直し／立て直し」の両次元は複雑に絡み合っている。

　具体的には，「世直し」志向的なハード対策もあるし，「立て直し」志向的なそれもある。たとえば，近鉄が，伊勢湾台風（1959年）の後，名古屋と大阪を直通させるための工事を追加して被害区間を復旧させたケースは前者にあたり，道路等を元通りに「現状復旧」させるのが後者にあたる。

　同時に，「世直し」を重視した「人間中心」の復興もあるし，その逆もある。たとえば，高齢化が進む集落に外部の若者たちが被災地での支援活動を機に長期的に関わって集落の活性化につながっているとすれば，これは前者に相当するだろう。他方，被災者が災害前に築きあげた暮らしを回復させるための支援は後者に相当する。

　今，災害復興論に求められていることは，復興の内実を精密に解読し実践的な処方箋を提出しうる分析概念を，上記の2次元にとらわれず，もっと拡充することだろう。

人 9 「千分の一」と「万分の一」

　無機質な数字でも見方を変えると，生々しい現実が見えてくることがある。以前，消防関係の方に，こんなことを教えてもらった。ふつう，市町村の職員の総数は人口の約 100 分の 1 で，消防職員の数はそのまた 10 分の 1 で，そして，消防車の数は消防職員数のさらに 10 分の 1 だという（ただし，ここで言う消防職員には，消防団の団員は含まれていない）。

　これを，たとえば，京都市にあてはめてみよう。人口が約 150 万人なので，京都市の職員数は 1 万 5 千人，消防職員は 1,500 人，消防車の数は 150 台となるはずだ。実際には，それぞれ，約 1 万 4 千人，約 1,800 人，約 140 台（公式統計によると，総車両数は約 290 台だが広報車などは除き，消火・救急活動に直接あたる車両に限定した）となって，おおよそ合致している。

　確認のため，筆者自身が住む大阪府内のある自治体について同じ計算をしてみたが，やはり同様の結果となった。読者におかれても，お住まいの自治体がホームページ等で公開している数字を使って確かめてみてはいかがだろうか。私たちが，住民千人に一人しかいない消防職員，一万人に 1 台しかない消防車に頼って暮らしている現実に直面することになるだろう。

　ふだんは見逃しているこの事実が露見するのが，大規模災害の時である。阪神・淡路大震災（1995 年）では，地震発生から午前 6 時までのわずか 15 分間に，神戸市内で起きた火災は約 60 件であった。ちなみに，神戸市の最近の年間の火災件数は約 600 件あまりだから，その約 10 分の 1 がわずか 15 分間に集中したことになる。この状況に対して，神戸市消防が繰り出せたのは約 40 台のポンプ車に過ぎなかったという。当時，水が出なかったことが課題視された

が，たとえ水が出たとしても消火活動は非常に困難だったと予想される。要するに，消防の力だけでは，ほとんどお手上げなのだ。

そもそも，各自治体の消防は，ふだんの火災・救急活動を念頭に組織されていて，同時多発型の大規模火災に対しては十分な対応力をもっているとは言えない。ならば，近隣自治体の消防から応援を求めればいいではないかと考えたくなる。たしかに有力な対処法の一つで，そのための準備は必要である。実際に市町村消防間で相互応援協定が結ばれるなど，対策も進んでいる。しかし，たとえば，南海トラフの巨大地震など超広域災害では，近隣自治体もまた深刻な状況に陥っている可能性が高く，相互応援も十分機能しないかもしれない。

このように考えてくると，結局は，住民一人ひとりが火災をできるだけ発生させないこと，そして，仮に発生したとしても，住民の力で消しとめることが大切だとわかってくる。ここで引き合いに出した京都市は，実は，全国の政令指定都市の中では，突出して火災発生件数が少ない。京都市の年間約200件に対して，東京23区は4,000件程度，大阪市は1,200件程度の火災が発生している。人口1万人あたりの件数に直しても，京都市1.5件，東京23区4.5件，大阪市4.2件となる。

これは，古都京都が，これまで培ってきた自助・共助を基盤とした防火の意識・心得の賜物である。もちろん，消防関係者の啓発活動も大きく寄与しているだろう。来るべき巨大災害も，この精神を大切に乗り切っていきたいものだ。

人 10 状況論

　人間の意思決定に関して，状況論と呼ばれる考え方がある。これは，意思決定が決定者が置かれた状況によって変化すると考える理論だと思われている場合があるが，そうではない。それは自明の理であり，むしろ状況に一切影響されない意思決定を探す方がむずかしい。

　状況論とは「人間対状況」という構図，つまり，意思決定する人間と状況（環境）とが対峙しているという，従来からある二分法的な構図に対するアンチテーゼである。すなわち，この構図を前提に，「意思決定とは人間がなすことなり」（そこに外部要因としての状況が影響する）と考える考え方に対して，状況論は異を唱えて独特の代替案を提示している。言葉をかえれば，状況論では，意思決定しているのは「何か」（あえて「だれか」とは表記しない）ということが問われている。

　身近な事例を挙げれば，Amazon の「この商品を買った人はこんな商品も買っています」のお世話になった人は多いだろう。この購入決定は「何」がしたのか。もちろん，直接的には購入者だと言うことはできる。しかし，Amazon というサービス（道具・ツール）がなければ，また，「この商品を買った人は……」という独特の仕組みを底辺で支えている他のユーザー（の決定）の存在がなければ，この購入はなかったはずである。このことを踏まえれば，意思決定の主体は，購入者本人を含め，ここに列挙した要因——ツール，システム，他のユーザーなど——の総体としか言いようがないことがわかる。状況論に言う「状況」とは，ここで「総体」と称した全体を指す概念である。

　防災・減災に関する意思決定も同様である。一つの災害情報（たとえば，大雨に伴ってある地域に発令された避難指示）が，非常に

多くの気象観測装置や情報伝達のための機器，種々の法令や制度，そして，多様な関係者が関わることからしか生まれないことを考えれば，防災・減災に関わる意思決定が，Amazon の例よりも，むしろはるかに「状況」論的であることは容易にわかる。

　たとえば，ある地区に避難指示が発令されたとしよう。たしかに，直接的には，その避難指示は，首長の「よし，いこうッ」という一言で最終的実現をみたかもしれない。しかし，この意思決定が首長個人の決定だと考える人は，まずいないだろう。なぜなら，首長の決断は形式的な追認で，実質的には危機管理監といった役職の人物が決定権をもっているケースも少なくない。また，その危機管理監とてけっして単独で意思決定しているわけではなく，周囲のスタッフ（の意思決定）や，それを支える情報システムや制度（だれがどの情報を根拠にどのように決めるかを指定したマニュアルなど）に縛られて意思決定しているはずである。

　以上を踏まえれば，災害時の意思決定に関するこれまでの研究関心が，いささか人に偏っていたことに気づく。やれ正常性バイアス（人1）だ，確証バイアスだ，フレーミングだと，心理学ブームの中，私たちは，ややもすると意思決定を支える（ように見える）心理プロセスにのみ注意を向けてきた。しかし，真に重要なのは「状況」なのだ。

　このことから，自治体などの組織や，複数の組織が複合した主体（たとえば，「原子力ムラ」と称されるようなもの）が関与する意思決定に対して，これまでの防災心理学が切れ味鋭い分析を実現しえなかった理由もわかる。そうした決定の内実を個人に求めても，多くの場合，その心理プロセスに関する平凡な記述の山が得られるだけで，意思決定の核心へと迫ることはできない。そこで行われる意思決定の本質は，いいも悪いも，組織やムラが全体として示す「状況」にあるのだから。

人 11 百年戦争と震災

　「今年、百年戦争が始まったと、当時の人たちが思うことはありえないんだよ」と、昔、歴史の時間に教わって、なるほどと思ったことがある。過去の出来事がどのような意味をもつものとして今ここにあるかは、その時点に起きたことだけで決まるのではないということだ。それが「百年戦争」になるかどうかは、言うまでもなく、それ以降の人びとの生き方が決めるのだから。つまり、過去は完全に過ぎ去り固まってしまったのではなく、今この時点へと引き継がれている。

　そう考えると、1995年1月17日から、あるいは、2011年3月11日から何年経過しようが、私たちは、1.17や3.11に対して働きかけることができるし、またその責任を担っていると言える。その意味で、阪神・淡路大震災や東日本大震災を記憶にとどめようとする多種多様な活動は、単に昔のことを思い出したり記憶したりといった営みではなく、1.17と今、あるいは3.11と今とを結びつけるための試みである。言いかえれば、今に照らし出された1.17や3.11を再発見し、また逆に、1.17や3.11が問いかける今を見つめ直すための試みである（地3）。

　こうして阪神・淡路大震災や東日本大震災を伝えることは、単に、現在から過去を振り返ることではなく、現在を生きることへとつながってくる。さらに、これは、私たちが未来に向けてどのような構想をもちアクションするかという形でさらに先へと延長することができる。震災を伝えるためのバトンは、バトンそのものの変化を伴いながら、さらに未来へと受けわたされていく。

人 12 「想定外」を想定する他者

「災害は常に記録更新を狙っている」。これは，河田惠昭氏（人1）が，折にふれて口にする言葉である。たとえば，ある領域の過去最大の地震がM7クラスだったとして，自然はそれを超えるM8クラス以上の地震を引き起こそうと狙っているというわけである。この言葉は，むろん比喩である。自然現象を，人間，たとえばスポーツ選手のふるまいになぞらえているのだから。しかし，これは本質的な比喩である。なぜなら，災害が随伴する「想定外」に立ち向かう鍵が他者（人間）にあることを示唆しているからである（地6）。

東日本大震災後，「想定外」という言葉が世間を騒がせている。しかし，それを受けて，「今後，想定外のことも念頭に置いて対策を講じて参ります」などと言われる時，そこには明らかな論理矛盾がある。「それ」を念頭において対策をうつということは，「それ」がすでに想定されていることを意味するからである。では，どうすれば，本当の「想定外」に出会えるのか。

上の比喩が示唆するように，「想定外」（記録更新）を狙っている災害の代わりに，他者という「想定外」の力を借りればよい。たとえば，「ここには津波は絶対に来ない」と信じている地域住民にとって，そこまで津波がかつて遡上していた形跡を知る研究者は，自らの「想定外」を知るための重要な他者である。

あるいは，原発周辺地域の津波想定を5メートルとして対策を講じていた電力会社にとって，「でも，もし15メートルの津波が来たらどうなるの？」という素朴な，子どものような問いは，記録更新を狙う災害に立ち向かうことと同等の価値をもつチャレンジ，つまり，自らの「想定外」に直面させてくれる他者からの貴重なチャレンジである。

人 13 「ふだん」と「まさか」の接点

　これは，異年齢保育（年齢の異なる子どもたちを交流させることを意図した保育システム）が導入されていた茨木県水戸市内の保育所での事例である。

　東日本大震災。あのおそろしい地震が起こった時，子どもたちは昼寝の最中だった。強い震動のため，一部建物の天井材が崩れ落ちる中，0歳から6歳までの120人以上もの子どもたちが，だれ一人悲鳴を上げることも泣き出すこともなく，大人の指示に従って落ち着いて園庭に向かって避難した。

　年長児がしっかりと年少者の手を取る姿があちこちで見られた。おかげで，将棋倒しになることもなく一人も怪我をせずに全員が無事に園庭に避難することができたとのことである。知人の調べによれば，近隣の小学校では高学年児の中でも悲鳴や泣き声があがる一方でふざける子もいて騒然としていたという事例もあったらしい。

　このエピソードのポイントは，「ふだん」と「まさか」の接点にある（地11）。上述のように，この保育所では，「ふだん」から異年齢保育が行われていた。食事の時にはまだ食器の扱いもおぼつかない年少児を年長児が手伝う。年少児が靴を履いたり，掃除をしたりするのも年長児がサポートする。そんな「ふだん」のやりとりが，「まさか」のときにつながり，すばらしい成果を生んだのだ。

　この保育所では，年長児が年少児の避難を助ける訓練をしていたわけではない。「まさか」の時にそのような反応が生じるような習慣――「生活防災」（海4）――が，意図せざる形ではあったが，「ふだん」の生活に組み入れられていた。それが，結果として幸いしたわけである。

人 14 成功事例／失敗事例

「××大学合格体験記」「××社を立て直した男」など，世間には成功譚も多数出まわっているのに，防災分野は基本的に失敗文化である。「またも生かされなかった災害情報」といった調子で，失敗事例に注目が集まる場合が多い。これには，被害が出なければ大きく取り上げないという，マスコミや学界の悪弊も影響している。

失敗の原因究明も重要だが，もっと成功事例に目を向けてみてはどうだろう。成功事例には防災力向上のためのヒントが直接的な形で含まれているからである。近年の事例を見てみよう（人4）。

2015年5月，口之永良部島・新岳が爆発的な噴火を起こした。しかし，島民は一人の犠牲者を出すことなく，無事に島外に避難した。細かな避難対策をいくつも積み重ねている点が印象的だ。使われなくなった無線中継施設を「頑丈だから」と避難所として改修，水，毛布なども備えていた。小中学校では，避難時にすぐに発進できるよう車の先頭を避難所に向かう道路に向けて駐車していた。

2014年11月，長野県の神城断層が動き，白馬村などを大きな揺れが襲った。同村では40棟以上の家屋が全半壊したが，犠牲者は一人もでなかった。地域の消防団などが下敷きになった人びとを素早く救出したからである。一連の経緯は，「白馬の奇跡」とも呼ばれた。先日，地元の元自治会長さんとある会議でご一緒した。近所づきあいが濃厚な土地柄で，「だれがどの部屋で寝ているかまでわかっていた。だから素早く助け出せたんです。ふだんの備えのおかげ，だから奇跡ではないですよ」と語っておられた。

両事例には，「ふだん」の大切さ（海4，人13），大切なことは細部に宿る……といった共通点がありそうだ。明日から，車をとめる時の向き一つにも気を配ってみようかという気になった。

人 15 語り継ぎの間接化

　毎年8月になると，原爆の惨禍や8月15日をめぐって，被爆・戦争体験の語り継ぎが話題になる。戦後生まれが人口の8割以上を占め，体験者の高齢化もあいまって，語り継ぎが困難になっているとの指摘も耳にする。時とともに体験継承が次第に困難になるのは，災害も同様である。

　近年よく紹介されているのが，若い世代による語り継ぎである。戦争・災害を直接知らない世代が，あの頃を経験した高齢者から体験を聞き取って，それを同世代やより若い人たちに伝える形式である。だれしも限りある生しかもちえない以上，語り継ぎがこうした間接的な形態をとるようになるのは必然でもある。

　ただし，これをやむを得ない方策と見なすのではなく，より前向きにとらえることも大切である。語り継ぎが間接化されることの積極的意義にも目を向けるべきなのだ。防災について学ぶ大学生が，阪神・淡路大震災を経験した中高齢の震災の語り部メンバーの体験談を聞き取り，それをもとに作成した教材を用いて，今の子どもたちに授業するスタイルについては別項（地3）でも紹介した。

　考えてみると，寺子屋や職人の仕事場では，何でもかんでも師匠や親方が直々に指南するわけではない。先輩が後輩を指導するのがふつうだ。師匠や親方と新参者との関係は，まさに間接化されている。しかし，これは，間接化のメリットがあるからこそ採用されてきた形式だろう。何ごとかを知らなかった人たち（先輩）が，それを知るようになった経緯を踏まえて次へと教え語る営みには，最初から知っている人（師匠）による教示とは異なる意味があるのだ。

　戦争や震災からの時の流れをいたずらに嘆くだけでなく，前向きに生かす方策を模索していく必要があるだろう。

文　献

天3

NHK　2012　津波警報が変わりました　NHK NEWSWEB
　　〔http://www3.nhk.or.jp/news/0307newkeihou/〕

日本気象協会　2013　台風26号　雨と風のピークは？（2013年10月15日）
　　〔http://www.tenki.jp/forecaster/diary/yosh_ika/2013/10/15/2001.html〕

天4

国土交通省東北地方整備局河川部　2001　「水辺づくり用語集」から
　　〔http://www.thr.mlit.go.jp/kasen/study/yougo/fieldnote.html〕

神戸市建設局防災部河川課　2008　神戸市河川モニタリングシステム（都賀川甲橋）
　　〔http://kobe-city-office.jp/kawa-camera/archive.html〕

兵庫県神戸県民局　2005　ふしぎ!!都賀川─都賀川総合学習資料─
　　〔http://web.pref.hyogo.jp/ko05/ko05_1_000000002.html#h01〕

近藤誠司　2016　ポスト3.11の災害ジャーナリズムにおける課題と展望　関西大学社会安全学部（編）　東日本大震災：復興5年目の検証　ミネルヴァ書房　pp.250-268.

天11

竹之内健介　2016　地域気象情報というコミュニケーション　矢守克也・宮本匠　現場でつくる減災学：共同実践の五つのフロンティア　新曜社　pp.81-107.

天14

福長秀彦・政木みき・河野啓　2014　台風による大雨と初の特別警報─危機の情報はどう伝わったか─　放送調査と研究, 64(1), 2-29.

地2

矢守克也・吉川肇子・網代剛　2005　ゲームで学ぶリスク・コミュニケーション：「クロスロード」への招待　ナカニシヤ出版

地6

矢守克也　2010　アクションリサーチ─実践する人間科学─　新曜社

地7

キャントリル, H.（著）齋藤耕二・菊池章夫（訳）　1985　火星からの侵入─パニックの社会心理学─　川島書店（Cantril, H.　1940　*The Invasion from Mars: A Study in the Psychology of Panic.*）

海 1
山下文男　2008　津波てんでんこ―近代日本の津波史―　新日本出版社
海 3
畑山満則・中居楓子・矢守克也　2013　地域ごとの津波避難計画策定を支援する津波避難評価システムの開発　情報処理学会論文誌, *55*, 1498-1508.
海 4
矢守克也　2011　増補版:〈生活防災〉のすすめ―東日本大震災と日本社会―　ナカニシヤ出版
海 9
孫英英・中居楓子・矢守克也・畑山満則　2014　2014年伊予灘地震における高知県沿岸住民の避難行動に関する調査　自然災害科学, *33*, 53-63.
海 15
平川新　2012　東日本大震災と歴史の見方　歴史学研究会（編）　震災・核災害の時代と歴史学　青木書店　pp.2-21.
人 2
佐伯一麦　2012　震災と言葉　岩波書店
榊邦彦　2011　「正しく恐れる」と「正当にこわがる」　榊邦彦's Official Blog〔http://www.sakaki-kunihiko.jp/page048.htm〕
寺田寅彦　2011　小爆発二件　「天災と国防」　講談社　pp.80-89.
ミニコラム 2
寺田寅彦　1997　天災と国防　寺田寅彦全集（第7巻）　岩波書店
人 3
畑村洋太郎　2005　失敗学のすすめ　講談社
人 5
東京消防庁　2011　知って防ごう！　救急搬送データから見る日常生活の事故
人 6
廣井脩　1986　災害と日本人―巨大地震の社会心理―　時事通信社
北沢楽天　1973　楽天漫画集大成〈大正編〉　グラフィック社
人 7
真木悠介　2003　時間の比較社会学　岩波書店
人 8
木村敏　1982　時間と自己　中央公論社

初出一覧

　各項目の初出は以下の通りである。ただし，いずれも初出時の原稿を大幅に改訂している。

「天」の巻
1　空振りは空振りなのか（「現代のことば」）　京都新聞（2013年8月20日付）
2　特別警報を経験して（「現代のことば」）　京都新聞（2013年10月22日）
3　時計の情報／地図の情報（「現代のことば」）　京都新聞（2014年8月20日付）
4　神戸市都賀川災害に見られる諸課題―自然と社会の交絡―　「災害情報」7号，pp.114-123.（2009年）
5　（書き下ろし）
6　大雨＋地震＝？（「現代のことば」）　京都新聞（2014年6月18日付）
7　災害情報のプレポスト・テスト　「災害情報学会ニュースレター」59号，p.3.（2014年）
8　災害の記憶のゆがみ（「現代のことば」）　京都新聞（2015年10月20日付）
9　（書き下ろし）
10　（書き下ろし）
11　（書き下ろし）
12　流行語大賞：防災風（「現代のことば」）　京都新聞（2015年12月24日付）
13　流行語に見る災害（「現代のことば」）　京都新聞（2013年12月18日付）
14　量的データの質的分析―質問紙調査を事例に　「質的心理学研究」14号，pp.166-181.（2015年）
15　（書き下ろし）

「地」の巻
1　当事者になってみて（「現代のことば」）　京都新聞（2016年4月22日付）
2　続：当事者になってみて（「現代のことば」）　京都新聞（2016年6月23日付）
3　20回目の1.17：10年＋10年としての20年　THE PAGE（Yahooニュースサイト）（2015年1月17日）

- 4 ミュージアムで防災について学ぼう 「安全教育ニュース」1425号.（2015年）
- 5 地震計が作るつながり（「現代のことば」） 京都新聞（2012年12月13日付）
- 6 （書き下ろし）
- 7 災害情報：両刃の剣（「現代のことば」） 京都新聞（2016年7月26日付）
- 8 1・16と1・17（「現代のことば」） 京都新聞（2015年1月16日付）
- 9 コーヒー・山菜・カツオ缶詰（「現代のことば」） 京都新聞（2014年10月16日付）
- 10 阿武山アースダイバー（「現代のことば」） 京都新聞（2014年2月20日付）
- 11 日常と災害時 落差最小に 産経新聞（2013年7月16日付）
- 12 （書き下ろし）
- 13 （書き下ろし）
- 14 物語るモノと物言わぬモノ 「人と防災未来センター震災資料図録」（震災資料集vol.2） p.120.（2016年）
- 15 （書き下ろし）

「海」の巻
- 1 津波てんでんこの4つの意味 「自然災害科学」31巻, pp.35-46.（2012年）
- 2 二つの短歌と巨大津波 （「現代のことば」） 京都新聞（2015年3月3日付）
- 3 地震経過時間カウントアップ―「その時」までのカウントダウン THE PAGE（Yahooニュースサイト）（2014年12月14日）
- 4 東日本大震災と〈生活防災〉「Re」（建築保全センター広報誌）175号, pp. 22-25.（2012年）
- 5 思わぬとき，思わぬところで―効果的な避難訓練 「安全教育ニュース」1419号（2015年）
- 6 動画カルテ―寄り添う避難訓練（「現代のことば」） 京都新聞（2012年8月21日付）
- 7 （書き下ろし）
- 8 学校施設の津波対策：「逃げ出す学校」・「逃げ込む学校」 THE PAGE（Yahooニュースサイト）（2014年10月31日）
- 9 愛媛で震度5強：3月の「伊予灘地震」から見えた避難の課題とは THE PAGE（Yahooニュースサイト）（2014年6月8日）
- 10 夜間避難訓練（「現代のことば」） 京都新聞（2015年5月1日付）
- 11 災害情報三大用語を再考する―「オオカミ少年」・「倍半分」・「正常性バイアス」― 「月刊民放」2014年1月号, pp.18-21.（2014年）

12 固有名詞という災害情報:「東日本大震災」から5年 「日本災害情報学会ニュースレター」65号, p.1. (2016年)
13 学会誌第5号の発行に当たって―形式的理想性と現実的有効性― 「C+Bousai」5号, p.1. (2016年)
14 「~して下さい」と「~します」「地区防災計画学会梗概集」1号, p.4. (2015年)
15 (書き下ろし)

「人」の巻

1 災害情報三大用語を再考する―「オオカミ少年」・「倍半分」・「正常性バイアス」― 「月刊民放」2014年1月号, pp.18-21. (2014年)
2 東日本大震災の質的心理学/質的心理学の東日本大震災 「質的心理学フォーラム」5号, pp.129-131. (2013年)
3 〈順向〉と〈逆向〉のクロスロード―あとがきに代えて 藤森立男・矢守克也 復興と支援の災害心理学 福村出版 pp.303-307. (2012年)
4 (書き下ろし)
5 日常事故の防災 「安全教育ニュース」1417号. (2015年)
6 天譴論 藤森立男・矢守克也 復興と支援の災害心理学 福村出版 p.279. (2012年)
7 復興の時間/復興の空間 WEBRONZA X SYNODOS:復興アリーナ (2012年)
8 復興論の新しい座標軸を求めて―「世直し」と「立て直し」― 「復興デザイン研究」11号, p.2. (2009年)
9 千分の一/万分の一 (「現代のことば」) 京都新聞 (2013年4月19日付)
10 状況主義と意思決定 日本災害情報学会 (編) 災害情報学事典 朝倉書店 pp.300-301. (2016年)
11 (書き下ろし)
12 「想定外」を想定する他者 「日本災害情報学会ニュースレター」46号, p.3. (2011年)
13 防災・減災ななつばなし 「JOYOARC」14-5号, pp.4-11. (2014年)
14 成功事例/失敗事例 (「現代のことば」) 京都新聞 (2015年6月29日付)
15 語り継ぐこと (「現代のことば」) 京都新聞 (2015年8月25日付)

ミニコラム

1 (書き下ろし)
2 災害の経験を伝える――忘れないために―― 京都大学防災研究所平成22年度公開講座テキスト (2010年)
3 (書き下ろし)

事項索引

あ

アウトリーチ　56, 58, 75
アクションリサーチ　62, 128
阿武山アースダイバー　69, 70
阿武山サポーター　56
阿武山地震観測所　37, 53-57, 59, 69, 70
アンテ・フェストゥム　138, 141
意思決定　14, 145, 146
遺族　81, 125, 127
伊予灘地震　85, 105, 106, 110
インターネット　21, 49, 59
エコノミークラス症候群　44
オオカミ少年　3, 4, 18

か

語り継ぎ　50, 51, 151
語り部　37, 50, 65, 81, 151
釜石の奇跡　62, 80, 92, 104, 118
空振り　3-5, 18, 19
関東大震災　73, 138
気象情報　11, 12, 33
共助　44, 112, 131, 144
緊急地震速報　7, 72
熊本地震　41, 45, 48, 61, 63
黒潮町　68, 71, 83, 85, 87, 105, 112
形式的理想性　111
警報　4, 7, 9-11, 13, 14, 18, 32, 33, 72, 90, 110, 129
ゲリラ豪雨　15, 35
現実的実効性　111
公助　112
個別避難訓練タイムトライアル　99-101, 108

さ

サイエンス・コミュニケーション　56, 123
サイエンスミュージアム　53, 55, 56, 69
災害遺構　113
災害時要支援者　19, 100
災害情報　3-5, 25, 26, 36, 64, 80, 110, 145
災害復興　49, 67, 68, 125, 140, 142
最善　9, 21, 111
サバイバーズギルト　81, 127
自己責任　138
自助　79, 81, 82, 112, 117, 118, 144
次善　10, 21, 111
四万十町　95, 99, 105, 107
シミュレーション　87, 88, 99, 101, 108
ジレンマ　49, 89
心配性バイアス　117, 118, 120
生活防災　94, 149
　――タイムライン　32, 33
成功事例　29, 150
正常性バイアス　117, 118, 120, 146
正当にこわがる　121-123
セカンドベスト　10, 21
前兆現象　3
専門家　3, 25, 26, 33, 58, 72, 75, 123
想定　30, 61, 62, 68, 73, 83-85, 87,

93, 95, 98, 99, 103, 109, 111, 121
——外　47, 61, 97, 141, 148
率先避難者　4, 80, 104

た
台風23号（2004年）　23, 27, 28, 34
タイムライン　9, 14, 20, 31-33
高台移転　104, 140
助かる教育　104
助ける教育　104
正しく恐れる　121, 123
立て直し　142, 150
地域気象情報　4, 32, 33, 75
注意報　7, 9-11, 18, 32, 129
中越地震　23, 27, 28, 34, 67
都賀川水害　15, 17
堤外地　15, 16
堤内地　15, 17
天譴論　137, 138
てんでんこ　4, 79, 81, 82, 118
東海豪雨　110
特別警報　3, 7, 9-11, 13, 18, 22, 29, 32, 36

な
南海トラフ　24, 63, 66, 68, 71, 83, 85, 87, 95, 99, 105, 107, 109, 110, 121, 144
逃げトレ　101, 102

は
倍半分　109
ハザードマップ　10, 21, 62
パニック　64, 122
阪神・淡路大震災　27, 37, 49, 60, 65, 68, 70, 73, 74, 81, 120, 125, 131, 143, 147, 151

東日本大震災　23, 49, 61, 63, 64, 73, 79, 80, 83, 84, 91, 92, 99, 109, 110, 113, 121, 138, 147-149
被災者　45, 46, 50, 52, 65, 71, 74, 81, 113, 125, 126, 140
避難勧告　19, 21, 32
避難訓練　58, 85, 91-95, 98, 99, 102, 104, 107
避難指示　19, 32, 145
——・勧告　19-21
避難準備情報　19-21, 32
避難所　5, 21, 44-46, 49, 89, 103, 150
避難タワー　88, 89, 97, 100
避難場所　20, 45, 64, 92-94, 96-99, 102, 104, 106, 111
風化　28, 130
防災教育　58, 60
ポスト・フェストゥム　141
ボランティア　47-49, 55, 67

ま
満点計画　57-59
——学習プログラム　57, 58
見逃し　3

や
世直し　138, 142

ら
レジリエンス　71

わ
ワークショップ　49, 112

人名索引

あ

秋澤香代子　85
網代　剛　49
飯尾能久　55, 57, 59, 60
井上雅文　51
井上光晴　65
井上奈緒　51, 52
ウィーヘルト, E. J.　54
ウェルズ, G. O.　63
牛山素行　27, 28
尾池和夫　25

か

片田敏孝　62, 80
河田恵昭　120, 148
北沢楽天　137
吉川肇子　49
木村　敏　141
キャントリル, H.　64
河野　哲　36
近藤誠司　27

さ

佐伯一麦　121, 122
榊　邦彦　121
千木良雅弘　23
孫　英英　105

た

竹之内健介　33
寺田寅彦　121-124

な

中居楓子　88, 105
中沢新一　69

は

橋本　環　86
畑村洋太郎　127, 128
畑山満則　88, 105
平川　新　113
廣井　脩　137
火坂雅志　i
福永秀彦　36
古屋兎丸　119

ま

政木みき　36
真木悠介　139
孟子　i

や

山下文男　79, 81
矢守克也　49, 62, 88, 94, 105

【執筆者紹介】
矢守克也（やもり　かつや）
1988年　大阪大学大学院人間科学研究科博士後期課程単位取得退学
現在，京都大学防災研究所巨大災害研究センター教授・センター長
主著：『防災ゲームで学ぶリスク・コミュニケーション』（共著）ナカニシヤ出版
　　　『クロスロード・ネクスト』（共著）ナカニシヤ出版
　　　『防災人間科学』東京大学出版会
　　　『アクションリサーチ』新曜社
　　　『巨大災害のリスク・コミュニケーション』ミネルヴァ書房
　　　『被災地 DAYS：時代 QUEST －災害編－』（共著）弘文堂
　　　『現場でつくる減災学』（共編著）新曜社

天地海人
防災・減災えっせい辞典

2017年1月30日　初版第1刷発行　　（定価はカヴァーに表示してあります）

著　者　矢守克也
発行者　中西健夫
発行所　株式会社ナカニシヤ出版
〒606-8161 京都市左京区一乗寺木ノ本町15番地
　　　　　　　　　　Telephone　075-723-0111
　　　　　　　　　　Facsimile　075-723-0095
　　　　Website　http://www.nakanishiya.co.jp/
　　　　E-mail　iihon-ippai@nakanishiya.co.jp
　　　　　　　　　郵便振替 01030-0-13128

印刷・製本＝ファインワークス／装丁＝湯川亮子
Copyright © 2017 by K. Yamori
Printed in Japan.
ISBN978-4-7795-1124-0

◎ Amazon など，本文中に記載されている社名，商品名は，各社が商標または登録商標として使用している場合があります。なお，本文中では，基本的に TM および R マークは省略しました。
◎本書のコピー，スキャン，デジタル化等の無断複製は著作権法上での例外を除き禁じられています。本書を代行業者等の第三者に依頼してスキャンやデジタル化することはたとえ個人や家庭内の利用であっても著作権法上認められておりません。